सीक्रेट्स ऑफ़ शनि देव

|| शनि देव के गुप्त रहस्यों का वर्णन ||

लेखक

गुरु गौरव आर्य

(ज्योतिर्विदाचार्य एवं अनुसंधानकर्ता)

(शनि उपासक एवं लेखक)

(रिकॉर्ड होल्डर:- शनि देव पर अधिकतम पुस्तक लिखने वाले लेखक)

इस पुस्तक को बिना लेखक की अनुमति के छापने एवं विक्री का प्रयास न करें यह दण्डनीय हो सकता है। अगर आप पुस्तक को लेखक से लेना चाहते है तो ईमेल कर सकते है अथवा संपर्क कर सकते है। यह पुस्तक लेखक ने अपने वर्षों के अनुष्ठान एवं अनुसंधान के आधार पर जनहित हेतु प्रकाशित की है। यह पुस्तक लेखक के अनुभवों पर आधारित है।

Guruweshvar Publications

ISBN-978-81-968214-3

सारणी

समर्पित

श्री शनि देव

श्री गणेशाय नमः

ॐ गजाननं भूतगणादि सेवितं कपित्थ जम्बूफलसार भक्षितम्
उमासुतं शोक विनाशकारणं नमामि विघ्नेश्वर पादपङ्कजम् ॥

लेखक के बारे में

गुरु गौरव आर्य एक भारतीय ज्योतिषी एवं शोधकर्ता हैं। वह २००७ से ज्योतिष में पूर्ण रूप से अभ्यस्त हैं और दुनिया में ज्योतिषीय सेवाएं प्रदान कर रहे हैं। गुरु जी भारतीय संस्कृति एवं सनातन धर्म के लिए अपना जीवन समर्पित कर चुके है। गुरु जी एक भारतीय ज्योतिषी और शोधकर्ता होने के साथ-साथ, अलौकिक विज्ञान विशेषज्ञ और ओकल्ट मास्टर हैं। करियर की शुरुआत में उन्होंने मैकेनिकल इंजीनियरिंग में बीटेक की शिक्षा प्राप्त की इंजीनियरिंग प्रोजेक्ट के समापन के बाद ज्योतिष का परामर्श देना शुरू किया। अब गुरु गौरव आर्य ज्योतिष एवं शनि देव की उपासकों में एक अग्रणी नाम हैं। उन्होंने "श्री शनि संहिता", "यंत्र तत्वम", "शनिदेवप्रतिष्ठाविधान" जैसी कई हिंदी एवं अंग्रेजी भाषा में किताबें लिखी हैं। गुरु जी प्रसिद्ध शनि कथा वाचक के रूप में भी जाने जाते है।

उपलब्धियां:- २०१७ में गुरु गौरव आर्य को उत्तराखंड के मुख्यमंत्री द्वारा ज्योतिष श्री से सम्मानित किया गया था

और २०१८ में उन्हें उत्तराखंड के मुख्यमंत्री द्वारा ज्योतिष विभूषण से सम्मानित किया गया था। इसके साथ साथ ही सर्वाधिक पुस्तक शनि देव के विषय में लिखने का रिकॉर्ड भी बना दिया है। गुरु जी का संकल्प है की वह पुरे विश्व में १०१ शनि मंदिरों का निर्माण करना चाहते है। जो मंदिर पुरे नियम अनुसार शनि देव को समर्पित होंगे उन मंदिरों में शिक्षा एवं संस्कार भी सभी को प्राप्त हो ऐसा उनका संकल्प है।

संपर्क- गुरु गौरव आर्य

Email- gurugauravarya@gmail.com

Mobile- +919997235502

प्रस्तावना

शनि देव का नाम आते ही मनुष्य में स्तब्धता छा जाती है और भय का वातावरण बन जाता है। क्यूंकि शनि देव अनुशासन प्रिय देवता है एवं न्यायधीश के पद पर है। भगवान शनि देव को न्याय का देवता कहा जाता है और उन लोगों के लिए जो न्याय की मांग करते हैं, शनि देव की शरण में जाना बहुत फलदायी होता है। इस पुस्तक के माध्यम से, शनि देव के रहस्य बताऊंगा जो काफी सारे मिथ्य को दूर कर देगा इस पुस्तक में मैं शनि देव के गुप्त रहस्य और अभिशापों के बारे में बात करना चाहूंगा, जो सभी को जानने की आवश्यकता है। और उन रहस्यों को समझते हुए, हम शनि देव की महिमा को समझ सकते हैं। मैंने इस पुस्तक के माध्यम से उन रहस्यों को उजागर करने का प्रयास किया है जिनके बारे में विचार प्राय नहीं किया जाता, जैसे कि शनि भगवान को शनि कहा जाता है लेकिन क्यों ? शनि देव के रंग के बारे में, भगवान को न्याय के देवता क्यों माना जाता है? शनि के कुछ ऐसे रहस्य जो उनको दूसरे देवताओं से अलग बनाते है। आमतौर पर, हर किसी का भगवान शनि देव से कहीं न कहीं परिचय होता है; कई लोगों के पास भगवान शनि के बारे में बहुत सारी गलतफहमियां होती हैं, विशेषकर जिनके पास जानकारी का आभाव है। हमें यह ध्यान रखना चाहिए कि शनि देव जब भी किसी को दंड देते हैं तो हमारे कर्मों का हिसाब पूरा

करने के लिए ही ऐसा करते हैं। मैं इस पुस्तक के माध्यम से अद्वितीय प्रकार के रहस्यों को उजागर करूँगा ताकि साधक और सभी मनुष्य अपने कर्मों को समझ सकें। आज की दुनिया में औसतन हर व्यक्ति शनिदेव की पूजा करता है और उनकी कृपा प्राप्त करना चाहता है। जबकि , ध्यान देने वाली बात यह है कि जब भी कोई किसी शक्ति या देवी या देवता की पूजा करता है या उनके प्रति श्रद्धा रखता है, तो उस व्यक्ति को उस शक्ति के बारे में जरुरी जानकारी होनी चाहिए। जैसा कि हम सभी इस कथन के बारे में जानते हैं कि, "थोड़ा ज्ञान खतरनाक है," इसलिए पूरी जानकारी या कम से कम कुछ बुनियादी जानकारी होना आवश्यक है ताकि आप अधिकतम परिणाम प्राप्त कर सकें। इस ग्रंथ में वर्णित शनिदेव के रहस्य किसी न किसी रूप में उनके व्यक्तित्व और कर्म से जुड़े हुए हैं साधक और सामान्य व्यक्ति आसानी से समझ सकते हैं और उसके अनुसार शनि देव की पूजा कर सकते हैं। साथ ही, जब एक साधक उनके रहस्यों को समझेगा और जानेगा, तो वह शनिदेव के और समक्ष आ जाएगा। शनि से जुड़े कुछ अनोखे रहस्य हैं जैसे:-

- *शनि का अर्थ क्या है?*
- *उनकी पूजा का नियम क्या है?*
- *उनका रंग काला क्यों है?*
- *शनि देव का पूजन समय?*
- *शनि देव का महत्व?*
- *शनि देव प्रिय एवं अप्रिय वस्तुए?*

आदि आदि।

शनैश्चराय नमः। शनैः करोतु भयहारिणीं।

शनैः दुःखं नयातु च मां। शनैः शान्तिं प्रदातु मे।।

अर्थः

हे शनि देव, आपको नमस्कार।
कृपया मेरे भय को हर दें।
मेरे दुख को धीरे-धीरे हटा दें।
कृपया मेरे लिए शांति प्रदान करें।।

यह एक शनि देव को समर्पित श्लोक है जिसका उपयोग शनि देव की आराधना और शुभकामनाएँ मांगने में किया जा सकता है। इस श्लोक के जाप से व्यक्ति शनि देव की कृपा प्राप्त कर सकता है और उसके दुःख और परेशानियों को हटा सकता है।

शनैश्चराय नमः।

नीलांजन समाभासं रविपुत्रं यमाग्रजम्।

छाया मार्तण्ड सम्भूतं तम नमामि शनैश्चरम्॥

अर्थः

मैं शनि देव को नमस्कार करता हूँ, जो नीलांजन से ढका हुआ है, सूर्य के पुत्र यम के भाई है, और छाया और मार्तण्ड से उत्पन्न है।

शनिभगवान् शम्भु पुत्रः अर्धकायः चतुर्भुजः।

नीलजन्म दुष्टग्रामः रोगदोषारिणाशनः॥

लोहिताङ्गः स्थूलकायः पिङ्गलो रक्तवाससः।

धूम्रकेतुर्ग्रहराजः कृपाचारु रुजाश्वनः॥

अर्थ:

मैं शम्भु पुत्र शनि देव को नमस्कार करता हूँ, जो अर्धकाय है और चार हाथ वाला है। उसका शरीर नीला है और वह दुष्ट ग्रामों का नाश करता है। वह रोग और दोषों को हरता है, उसके शरीर का रंग लोहितांग और स्थूल है, और वह पिंगला वस्त्र धारण करता है। उसकी धूम्रमयी ध्वजा है, और वह ग्रहों का राजा है, जो कृपा की विशालता से भरा हुआ है और रुग्णों के दुख को हरता है।

अथार्द्रवक्त्रं चारुकरं रजताननं जटामण्डलं

चारु चन्दनं चरुचन्द्र निब्बिन्दन्तं त्रिनेत्रं तमसि।

पुष्टग्रामं दुर्मुखवक्त्रं त्रिनेत्रं सद्गुरुं त्रिनयनं

तापत्रयाग्निं नृपतिं च शनैश्चरं भजामि शनैश्चरम्॥

अर्थ:

मैं चारुकर (सुंदर हस्त), रजतानन (चांद्रमा जैसा चेहरा), जटामण्डल (जटाओं का मंडल), चारुचन्दन (सुंदर चंदन), चरुचन्द्र निब्बिन्दन्तं (चन्द्र जैसी बिंदुओं से युक्त), त्रिनेत्रं (तीन आंखों वाले), तमसि (अंधकार के स्वामी), पुष्टग्रामं (संपूर्ण ग्राम का पोषक), दुर्मुखवक्त्रं (बुरे मुख वाले), त्रिनेत्रं सद्गुरुं (तीन आंख वाले गुरु), त्रिनयनं (तीन आंखों वाले), तापत्रयाग्निं (तीन प्रकार के ताप देने वाले अग्नि), नृपतिं (राजाओं का राजा), च शनैश्चरं (शनि देवता) भजामि।

शनि देव का परिचय

शनि देव, जो वैदिक ज्योतिष और हिंदू धर्म में एक प्रमुख देवता है, को दुष्ट ग्रह या क्रूर ग्रह के रूप में जाना जाता है। शनि देव हिंदू पौराणिक कथाओं में से एक महत्वपूर्ण देवता है जो धर्म, न्याय, शुभता, शक्ति और शक्तिमानता का प्रतीक है। शनि देव को सनिश्चर, शनैश्चर और शनैश्चराय नाम से भी जाना जाता है। शनि देव को क्रूर ग्रह के रूप में जाना जाता है क्योंकि उनका प्रभाव व्यक्ति को कठिन परिश्रम, परीक्षा और कठिनाई का सामना करने पर डालता है। शनि देव को जन्मकुंडली में एक महत्वपूर्ण ग्रह माना जाता है और उनकी धारणा किसी के जीवन, भाग्य, व्यवसाय, स्वास्थ्य और संबंधों पर गहरा प्रभाव डालती है।

अब यह जानते है की शनि देव का पौराणिक परिचय क्या है?

शनि देव परिचय

शनि देव पिता श्री

श्री सूर्य नारायण

शनि देव माताश्री

श्रीमती छायादेवी, सुवर्णा

शनि देव के भाई

श्री यमराज

शनि देव बहिन

श्रीमती यमुना देवी

शनि देव गुरु

भगवान शिव शंकर

शनि देव जन्म स्थान

सौराष्ट्र, गुजरात

शनि देव गोत्र

कश्यप

शनि देव रंग

सांवला

स्वभाव

त्यागी, तपस्वी, दृष्टि, क्रोधी, गम्भीर, स्पष्ट्भाषी आदि

मित्र

बालाजी, हनुमानजी , भैरव

विपुल नाम

छायासुत, सूर्यपुत्र, कोणस्थ, पिंगलो, बभ्रू, रौद्रातक, सौरी, शनैश्चर, कृष्णमंद, कृष्णौ

मित्र ग्रह

गुरु, शुक्र, राहू, बुध।

मित्र राशि

वृषभ, मिथुन, कन्या, तुला

प्रिय राशी

मकर, कुम्भ

प्रिय नक्षत्र

पुष्य, अनुराधा, उत्तराभाद्रपद

शनि कि उच्च राशी

तुला (कला के अनुसार)

नीच राशी

मेष

शनि का क्षेत्र

पेट्रोलियम, लौह, इस्पात, उद्योग, प्रेस, आदि

वैदूर्य कांति रमलः, प्रजानां वाणातसी कुसुम वर्ण विभश्च शरतः।

अन्यापि वर्ण भुव गच्छति तत्सवर्णाभि सूर्यात्मजः अव्यतीति मुनि प्रवादः॥

भावार्थ:- शनि ग्रह वैदूर्यरत्न अथवा बाणफ़ूल या अलसी के फ़ल जैसे निर्मल रंग से जब प्रकाशित होता है, तो उस समय प्रजा के लिये शुभ फ़ल देता है यह अन्य वर्णों को प्रकाश देता है, तो उच्च वर्णों को समाप्त करता है, ऐसा ऋषि महात्मा कहते हैं।

शनि ज्योतिष के अनुसार

शनि ग्रह के प्रति अनेक वृतांत पुराणों में प्राप्त होते हैं। शनिदेव को सूर्य पुत्र एवं कर्मफल दाता माना जाता है। लेकिन साथ ही पितृ शत्रु भी माना जाता है। शनि ग्रह के सम्बन्ध में अनेक भ्रान्तियां है इसलिये उसे मारक, अशुभ और दुख कारक माना जाता है। पाश्चात्य ज्योतिषी भी उसे दुख देने वाला मानते हैं। लेकिन शनि ग्रह उतना अशुभ और मारक नही है, जितना उसे माना जाता है। इसलिये वह शत्रु नही है। मोक्ष देने वाला एक मात्र शनि ग्रह ही है। सत्य तो यह है कि शनि प्रकृति में संतुलन पैदा करते है, और हर प्राणी के साथ उचित न्याय करते हैं। जो लोग अनुचित

विषमता और अस्वाभाविक समता को आश्रय देते हैं, शनि केवल उन्ही को दण्डित करते हैं। फ़लित ज्योतिष के शास्त्रो में शनि को अनेक नामों से सम्बोधित किया गया है, जैसे मन्दगामी, सूर्य-पुत्र, शनिश्चर और छायापुत्र आदि। शनि के नक्षत्र हैं- पुष्य, अनुराधा और उत्तरा भाद्रपद यह दो राशियों मकर और कुम्भ का स्वामी है। तुला राशि में २० अंश पर शनि परमोच्च है और मेष राशि के २० अंश पर परमनीच है। नीलम शनि का रत्न है। शनि की तीसरी, सातवीं, और दसवीं दृष्टि मानी जाती है। शनि सूर्य, चन्द्र, मंगल का शत्रु, बुध, शुक्र को मित्र तथा गुरु को सम माना जाता हैं। शारीरिक रोगों में शनि को वायु विकार, कंप, हड्डियों और दंत रोगों का कारक माना जाता है।

शनि देव :- मत्स्य पुराण में शनि देव का शरीर इन्द्र कांति की नीलमणि जैसा है, वे गिद्ध पर सवार हैं, हाथ में धनुष बाण है, एक हाथ से वर मुद्रा भी है, शनि देव का विकराल रूप भयावह भी है। शनि पापियों के लिये हमेशा ही संहारक हैं। शनि देव न्याय करने के साथ-साथ ही इष्टदेव के रूप में भी पूज्य है और कदम-कदम पर अपने साधको और भक्तों की सहायता करते हैं। शनि सदैव ही भक्तन हितकारी है। शनि देव का पूजन और साधना करके साधक अमूल्य शक्ति प्राप्त कर सकता है। जैसे समस्त चक्रों को जाग्रत कर सकता है। 'त्रिनेत्र' जैसी अमूल्य शक्ति को प्राप्त कर सकता है। सूर्य पुत्र होने के कारण शनि देव को अमूल्य शक्ति पहले

से ही प्राप्त थी। भगवान शिव से शक्ति और आशीर्वाद प्राप्त करने के बाद शनि देव को समस्त शक्तियों का ज्ञान भी प्राप्त है। शनि देव की साधना अगर नियम के अनुसार गुरु आज्ञा से सम्पूर्ण कर ली जाये तो शनि देव के दर्शन और उनसे विशेष आशीर्वाद प्राप्त हो जाता है। साधक अपने आप को शनि को समर्पित कर दें तो शनि के दर्शन और चमत्कार प्राप्त होना कोई बड़ी बात नहीं है। ब्रह्मवैवर्त पुराण में शनि ने जगत जननी पार्वती को बताया है कि मैं सौ जन्मों तक जातक की करनी का फ़ल भुगतान करता हूँ। एक बार जब विष्णुप्रिया लक्ष्मी ने शनि से पूछा कि तुम क्यों जातकों को धन हानि करते हो, क्यों सभी तुम्हारे प्रभाव से प्रताड़ित रहते हैं, तो शनि महाराज ने उत्तर दिया, "मातेश्वरी, उसमें मेरा कोई दोष नहीं है, परमपिता परमात्मा ने मुझे तीनों लोकों का न्यायाधीश नियुक्त किया हुआ है, इसलिये जो भी तीनों लोकों के अंदर अन्याय करता है, उसे दंड देना मेरा काम है"।

ऋषि अगस्त्य ने जब शनि देव से प्रार्थना की थी, तो उन्होंने राक्षसों से उनको मुक्ति दिलवाई थी। जिस किसी ने भी अन्याय किया, उनको ही दंड दिया, चाहे वह भगवान शिव की अर्धांगिनी सती रही हों, जिन्होंने सीता का रूप रखने के बाद बाबा भोले नाथ से झूठ बोलकर अपनी सफ़ाई दी और परिणाम में उनको अपने ही पिता की यज्ञ में हवन कुंड मे जल कर मरने के लिये शनि देव ने विवश कर दिया था।

शनि के प्रकोप से ही अपने राज्य को घोर दुर्भिक्ष से बचाने के लिये राजा दशरथ उनसे मुकाबला करने पहुंचे तो उनका पुरुषार्थ देखकर शनि ने उनसे वरदान मांगने के लिये कहा, राजा दशरथ ने विधिवत स्तुति कर उन्हें प्रसन्न किया। पद्मपुराण में इस प्रसंग का सविस्तार वर्णन है।

शनि देव के दो विवाह

नीला /नीलिमा भार्या

इनका विवाह नीला या नीलिमा नाम की कन्या से किया गया इनकी पत्नी सती-साध्वी और परम तेजस्विनी थीं। नीला या नीलिमा शनि देव की पहली पत्नी है जो शनि के तुल्य ही है और नीलम रत्न के रूप में शनि देव के मस्तक पर विराजमान है, कारणवश शनि देव का प्रिय रत्न नीलम है। नीला और शनि के मिलन से एक पुत्र संतान उत्पन्न हुई जिसका नाम कुलिगना था। शनि देव को नीला ने ही श्राप दिया था क्योकि नीला पुत्र संतान की इच्छा लेकर शनि देव के पास आयी थी। लेकिन शनि देव श्रीकृष्ण भक्ति में ही लीन रहते थे, और इन्हें बाह्य जगत की कोई सुधि ही नहीं थी। कारणवश शनि देव नीला की ओर बिलकुल भी नहीं देखते थे। नीला प्रतीक्षा कर थक गईं तब क्रोधित हो नीला ने इन्हें शाप दें दिया और शनि देव को कहा "हे शनि आज से आपकी आँखों में जो भी देखेगा उसका अनर्थ ही होगा" तब से शनि देव की आँखों में देखना अशुभ माना जाता है। दूसरा कारण शनि की आँखों में न देखने का कारण यह भी है की शनि देव न्याय के देवता है, और कोई भी व्यक्ति अगर पाप का भोगी है तो वो योग्य नहीं है की शनि देव की आँखों में देंखें। ध्यान टूटने पर जब शनिदेव ने उसे मनाया और समझाया तो पत्नी को अपनी भूल पर पश्चाताप हुआ, किन्तु

शाप के प्रतिकार की शक्ति उसमें ना थी। तभी से शनिदेव अपना सिर नीचा करके रहने लगे। क्योंकि वे नहीं चाहते थे कि उनके द्वारा किसी का अनिष्ट हो।

धामिनी/ मंदा

चितरथ गंधर्व की पुत्री जिनका नाम धामिनी/मंदा था उनसे विवाह हुआ था, धामिनी शनि देव की दूसरी पत्नी थी, धामिनी को मंदा या मंदी के नाम से भी जाना जाता है। इनके मिलन से एक पुत्र संतान उत्पन्न हुआ जिसका नाम गुलिका था। शनि ज्योतिष में गुलिका मंदी का भी काफी योग माना जाता है। मंदा गन्धर्व थी और अपने नृत्य से किसी को भी सम्मोहित कर सकती थी। मंदा की माता दिव्यांका का देंहांत मंदा के बाल्यकाल में ही हो गया था, दिव्यांका की मृत्यु जब हुई जब वो अपनी पुत्री मंदा की रक्षा एक असुर सर्प से कर रही थी। चितरथ ने मंदा की माँ की मृत्यु के बाद उनका नाम बदल कर धामिनी कर दिया था।

ॐ मान्दायै धामाना नमः

श्रापित है शनि देव

शनि देव को माता का श्राप

शनि देव बाल्यावस्था से ही अत्यधिक क्रोधी और हठी स्वभाव के माने जाते रहे है। जिस कारण किसी कार्य में जरा सी भी देरी या लापरवाही शनि को बिलकुल भी नहीं खलती थी। शनि के हठी स्वभाव के आगे सभी झुका करते थे। हारकर शनि की बात को मानना ही पड़ता था। जिस कारण सभी शनि देव के इस स्वभाव से काफी डरे हुए और चिंतित रहते थे। शनि के हठी स्वभाव के कारण सबसे ज्यादा उनकी माता को ही सहना पड़ता था। शनि देव को उनकी माता ने सबसे पहला श्राप दिया कारणवश शनि देव की चाल टेढ़ी हो गयी। श्राप शनि देव को इस प्रकार मिला शनि देव के लिये भूखा रहना असम्भव था, कारणवश जब शनि को भोजन की आवश्यकता पड़ती और अगर समय पर भोजन न मिले तो शनि देव का क्रोध बहुत ही बढ़ जाता था। एक बार ऐसा ही हुआ माता से जरा सी भोजन प्राप्ति में देरी शनि देव को सहन नहीं हुई शनि ने क्रोधवश माता पर ही वार कर दिया और अपने पैर से माता पर आघात किया फिर माता ने क्रोध में आकर शनि देव को श्राप दिया हे पुत्र तूने मुझ पर जिस पैर से आघात किया है वो पैर ही क्षतिग्रस्त (टूट जाना) हो जायेगा। माता के इस श्राप के कारण शनि को पीड़ा सहन नहीं हुई कारणवश शनि पीड़ा

से व्याकुल होने लगे, और अपने पिता के समक्ष पहुंचे पिता के कारण पूछने पर शनि देव ने समस्त स्थिति का वर्णन किया तब सूर्य देव ने कहा पुत्र मैं तुम्हारी माता का श्राप तो समाप्त नहीं कर सकता पर उसको कुछ हद तक कम जरूर कर सकता हूँ। सूर्य देव ने शनि को वरदान दिया शनि तुम्हारा पैर टूटेगा नहीं पर तुम्हारी चाल टेढ़ी जरूर हो जायेगी। इसलिए शनि देव की चाल टेढ़ी है, और शनि वक्री चाल ही चलते हैं, कुछ हद तक जीवन कि योजनाओं का सफल होना या न होना भी शनि देव पर ही निर्भर करता है। कई बार यह देखा जाता है की योजनाएं बनाते कुछ है और हो कुछ और ही जाता है इन सब कार्यो का श्रेय भी भगवान शनि देव को ही जाता है।

शनि देव को भार्या का श्राप

ऐसा कहा जाता है कि शनि की कुदृष्टि जिस पर पड़ जाये वह रातो-रात राजा से भिखारी हो जाता है और वहीं शनि की कृपा से भिखारी भी राजसी सुख भोगता है। शनि के प्रकोप से कोई नहीं बच सका है। कई ऐसी घटनाएं हैं जहां शनि की कुदृष्टि पड़ने पर भारी संकट उत्पन्न हो गया। शनिदेव परम तेजस्वी है, और उनका शरीर एवं कांति इंद्रनीलमणि के समान है। स्वर्णमुकुट एवं नीले वस्त्र धारण करने वाले शनि देव का वाहन कौआ है। शनिदेव की चार भुजाएं बताई गई हैं। एक हाथ में धनुष, एक हाथ में बाण, एक हाथ में त्रिशूल और एक हाथ में वरमुद्रा सुशोभित है।

शनिदेव का तेज करोड़ों सूर्य के समान अति तेजस्वी बताया गया हैं। शनिदेव पत्नी से शापित हैं, ब्रह्मपुराण के अनुसार शनिदेव श्रीकृष्ण के परमभक्त हैं। सूर्यपुत्र शनिदेव का विवाह चित्ररथ की परम तेजस्वी, सती-साध्वी कन्या से हुआ। विवाहोपरांत ऋतुस्नान करके पुत्र प्राप्ति की कामना से वे शनिदेव के पास पहुंची, परंतु शनिदेव श्रीकृष्ण की भक्ति में लगे हुए थे और पत्नी की ओर ध्यान ही नहीं दिया। इस तरह ऋतुकाल समाप्त हो गया। इससे क्रोधित होकर शनिदेव को श्राप दें दिया कि वे जिस पर नजर डालेगें वह भस्म हो जायेगा। जब उनकी पत्नी का क्रोध शांत हुआ तो उसे क्रोधवश दिए श्राप का पश्चाताप हुआ परंतु श्राप निष्फल नहीं हो सका। और तभी से शनिदेव अपनी नजरें नीचे कि ओर रखते हैं, ताकि किसी निर्दोष का बुरा ना हो। इसलिए शनि देव के पूजन को कुछ हद तक अलग तरीके से सम्पूर्ण किया जाता है। शनि देव के पूजन के समय उनकी आँखों में नहीं देखा जाता है। कार्यो में शनि की दृष्टि पड़ने से विघ्न आ जाते है, पर ध्यान से और नियम से पूजन किया जाये तो शनि की दृष्टि की अशुभता हानिकारक नहीं बनती।

शिव है शनि देव के गुरु

शनि देव अपने बाल्यकाल में काफी क्रोधी थे। क्योंकि सूर्य पुत्र होने के कारण तेज़ और शक्ति काफी थी कारणवश हर बात को गहरायी से जानना और हठ करना उनका स्वभाव था। भाई बहनों से हर समय झगड़ा करना और क्रोधित होकर हठ में सबको दुःख देना उनका स्वभाव था। एक समय भूख के कारण शनि देव व्याकुल थे और माता से भोजन के बारे में कहा तो थोड़ा सा भोजन में देरी हो जाने के कारण शनि देव क्रोध में आकर माता को पैर से आघात कर दिया, माता का क्रोध शनि पर श्राप के रूप में आ गया और माता ने शनि को पैर टूट जाने का श्राप दे दिया, शनि देव पीड़ा से व्याकुल होकर अपने पिता सूर्य नारायण के पास गए और अपनी संपूर्ण व्यथा पिता को सुनाई, सूर्य देव ने कहा "पुत्र शनि मैं तुम्हे श्राप से मुक्त नहीं कर सकता पर पीड़ा का जरूर कुछ कर सकता हूँ। पिता की शक्ति से शनि देव का पैर वापस जुड़ तो गया लेकिन थोड़ा टेढ़ा हो गया जिस कारण शनि की चाल टेढ़ी हो गयी, सूर्य देव ने जब देखा कि शनि का आतंक दिन व दिन बढ़ रहा है और शनि की उम्र भी अब कार्यभार सँभालने लायक हो गयी है, तब सूर्य नारायण शनि देव को लेकर भगवान शिव के पास गए और शिव को पूरी बात बताई, भगवान शिव ने शनि की पूरी समस्या को सुना और समझकर सूर्य से कहा की हे सूर्य देव आप कदाचित चिंता न करें, मैं शनि को ऐसा

कार्य सौंप रहा हूँ, जो सबसे ज्यादा जिम्मेदारी का कार्य है और कठिन भी, शनि देव को कहा कि शनि आज से आप सृष्टि में होने वाले न्याय और अन्याय का कार्य करेंगे और वरदान देकर शनि को कार्य भार सौंप दिया, तभी से शनि देव को 'न्याय का देवता' कहा गया है। शनि को ज्ञान और शक्ति जब शिव से प्राप्त हुई तब शनि देव ने शिव को ही अपना गुरु धारण कर लिया।

क्यों कहते हैं शनि देव को शनि ?

शनि शब्द संस्कृत के 'शनये कमति सः' से लिया गया है जिसका अर्थ है अत्यंत धीमा। अतः हम कह सकते हैं कि शनिदेव का अर्थ है धीमी प्रवत्ति के देवता। वास्तविक व्यवहार में भी, शनि ग्रह अपनी गति में बहुत धीमा है, जो "शनि देव" का प्रतिनिधित्व ग्रह है। वैदिक ज्योतिष में शनि ग्रह को भगवान शनि देव का ग्रह माना जाता है। शनि कुंडली में एक महत्वपूर्ण भूमिका निभाता है। शनि देव के बिना हर कुंडली अधूरी है; साथ ही, शनि का गोचर भविष्य बताने में महत्वपूर्ण भूमिका निभाता है। अब मैं चर्चा करूंगा कि शनि देव को शनि क्यों कहा जाता है? ऊपर वर्णित पंक्तियों में शनि का अर्थ 'शनये कामति सः' अर्थात् अति मंद है।

प्रभु बचपन से ही बहुत आक्रामक और नटखट स्वभाव के थे। क्योंकि शनि सूर्य और छाया के पुत्र हैं और सूर्य की शक्ति में काफी तेज़ है, और छाया की शक्ति शांत है, फलस्वरूप शनि देव स्वभाव से अधिक आक्रामक हैं। शनि देव का बचपन उतना अच्छा नहीं रहा और उनका बचपन कभी भी परेशानी से मुक्त नहीं रहा क्योंकि शनि बहुत शरारती थे और हमेशा सबसे युद्ध के लिए उत्सुक रहते थे। शनि का एक और अर्थ है जिसका अर्थ है उज्जवल। सूर्य निरंतर ब्रह्मांड को प्रकाशित करते हैं, उनके पुत्र होने के नाते भी उनका नाम

शनि है। शनि भी बहुत मंद गति से चलने वाला ग्रह है इसलिए इनको शनि कहा गया है। वैदिक ज्योतिष में 2.5 साल में शनि एक राशि से दूसरी राशि में चले जाते है और शनि की दशा 19 वर्ष की होती है, और शनि की साढ़े साती 7.5 वर्ष होती है, तो हम समझ सकते हैं कि शनि कितना धीमा है। अब मैं आपको 108 अन्य नामों के लिए शनि देव का अर्थ बताना चाहता हूं। इनके शनि नाम का कारण हमने ऊपर की पंक्तियों में पढ़ लिया है। हालाँकि, शनि के निम्नलिखित नाम भी हैं, जो भगवान शनि देव के गुणों को दर्शाते हैं।

1. शनैश्चर- धीरे-धीरे चलने वाला

2. शांत- शांत रहने वाला

3. सर्वाभीष्टप्रदायिन्- सभी इच्छाओं को पूरा करने वाला

4. शरण्य- रक्षा करने वाला

5. वरेण्य- सबसे उत्कृष्ट

6. सर्वेश- सारे जगत के देवता

7. सौम्य- नरम स्वभाव वाले

8. सुरवन्द्य- सबसे पूजनीय

9. सुरलोकविहारिण्- सुरह्स की दुनिया में भटकने वाले

10. सुखासनोपविष्ट- घात लगा के बैठने वाले

11. सुन्दर- बहुत ही सुंदर

12. घन- बहुत मजबूत

13. घनरूप- कठोर रूप वाले

14. घनाभरणधारिण्- लोहे के आभूषण पहनने वाले

15. घनसारविलेप- कपूर के साथ अभिषेक करने वाले

16. खद्योत- आकाश की रोशनी

17. मंद- धीमी गति वाले

18. मंदचेष्ट- धीरे से घूमने वाले

19. महनीयगुणात्मन्- शानदार गुणों वाला

20. मर्त्यपावनपद- जिनके चरण पूजनीय हो

21. महेश- देवो के देव

22. छायापुत्र- छाया का बेटा

23. शर्व- पीड़ा देना वाला

24. शततूणीरधारिण्- सौ तीरों को धारण करने वाले

25. चरस्थिरस्वभाव- बराबर या व्यवस्थित रूप से चलने वाले

26. अचञ्चल- कभी ना हिलने वाले

27. नीलवर्ण- नीले रंग वाले

28. नित्य- अनंत एक काल तक रहने वाले

29. नीलाञ्जननिभ- नीला रोगन में दिखने वाले

30. नीलाम्बरविभूषण- नीले परिधान में सजने वाले

31. निश्चल- अटल रहने वाले

32. वैद्य- सब कुछ जानने वाले

33. विधिरूप- पवित्र उपदेश देने वाले

34. विरोधाधारभूमि- जमीन की बाधाओं का समर्थन करने वाले

35. भेदास्पद स्वभाव- प्रकृति का पृथक्करण करने वाला

36. वज्रदेह- वज्र के शरीर वाला

37. वैराग्यद- वैराग्य के दाता

38. वीर- अधिक शक्तिशाली

39. वीतरोगभय- डर और रोगों से मुक्त रहने वाले

40. विपत्परम्परेश- दुर्भाग्य के देवता

41. विश्ववंद्य- सबके द्वारा पूजे जाने वाले

42. गृध्रवाह- गिद्ध की सवारी करने वाले

43. गूढ़- छुपा हुआ

44. कूर्मांग- कछुए जैसे शरीर वाले

45. कुरूपिण्- असाधारण रूप वाले

46. कुत्सित- तुच्छ रूप वाले

47. गुणाढ्य- भरपूर गुणों वाले

48. गोचर- हर क्षेत्र पर नजर रखने वाले

49. अविद्यामूलनाश- अनदेखा करने वालों का नाश करने वाले

50. विद्याविद्यास्वरूपिण्- ज्ञान करने वाले और अनदेखा करने वाले

51. आयुष्यकारण- लंबा जीवन देने वाले

52. आपदुद्धर्त्र- दुर्भाग्य को दूर करने वाले

53. विष्णुभक्त- विष्णु के भक्त

54. वशिन्- स्वनियंत्रित करने वाले

55. विविधागमवेदिन्- कई शास्त्रों का ज्ञान रखने वाले

56. विधिस्तुत्य- पवित्र मन से पूजे जाने वाले

57. वंद्य- पूजनीय

58. विरुपाक्ष- कई नेत्रों वाले

59. वरिष्ठ- उत्कृष्ट

60. गरिष्ठ- आदरणीय देव

61. वज्रांगकुशधर- वज्र-अंकुश रखने वाले

62. वरदाभयहस्त- भय को दूर भगाने वाले

63. वामन- (बौना) छोटे कद वाले

64. ज्येष्ठापत्नीसमेत- जिसकी पत्नी ज्येष्ठ हो

65. श्रेष्ठ- सबसे उच्च

66. मितभाषिण्- कम बोलने वाले

67. कष्टौघनाशकर्त्र- कष्टों को दूर करने वाले

68. पुष्टिद- सौभाग्य के दाता

69. स्तुत्य- स्तुति करने योग्य

70. स्तोत्रगम्य- स्तुति के भजन के माध्यम से लाभ देने वाले

71. भक्तिवश्य- भक्ति द्वारा वश में आने वाले

72. भानु- तेजस्वी

73. भानुपुत्र- भानु के पुत्र

74. भव्य- आकर्षक

75. पावन- पवित्र

76. धनुर्मण्डलसंस्था- धनुमंडल में रहने वाले

77. धनदा- धन के दाता

78. धनुष्मत्- विशेष आकार वाले

79. तनुप्रकाशदेह- तन को प्रकाश देने वाले

80. तामस- ताम गुण वाले

81. अशेषजनवंद्य- सभी सजीव द्वारा पूजनीय

82. विशेषफलदायिन्- विशेष फल देने वाले

83. वशीकृतजनेश- सभी मनुष्यों के देवता

84. पशूनांपति- जानवरों के देवता

85. खेचर- आसमान में घूमने वाले

86. घननीलांबर- गाढ़ा नीला वस्त्र पहनने वाले

87. काठिन्यमानस- निष्ठुर स्वभाव वाले

88. आर्यगणस्तुत्य- आर्य द्वारा पूजे जाने वाले

89. नीलच्छत्र- नीली छतरी वाले

90. नित्य- लगातार

91. निर्गुण- बिना गुण वाले

92. गुणात्मन्- गुणों से युक्त

93. निंद्य- निंदा करने वाले

94. वंदनीय- वंदना करने योग्य

95. धीर- दृढ़निश्चयी

96. दिव्यदेह- दिव्य शरीर वाले

97. दीनार्तिहरण- संकट दूर करने वाले

98. दैन्यनाशकराय- दुख का नाश करने वाले

99. आर्यजनगण्य- आर्य के लोग

100. क्रूर- कठोर स्वभाव वाले

101. क्रूरचेष्ट- कठोरता से दंड देने वाले

102. कामक्रोधकर- काम और क्रोध के दाता

103. कलत्रपुत्रशत्रुत्वकारण- पत्नी और बेटे की दुश्मनी

104. परिपोषितभक्त- भक्तों द्वारा पोषित

105. परभीतिहर- डर को दूर करने वाले

106. भक्तसंघमनोऽभीष्टफलद- भक्तों के मन की इच्छा पूरी करने वाले

107. निरामय- रोग से दूर रहने वाले

108. शनि- शांत रहने वाले

शनि देव का रंग काला क्यों ?

प्रथम रहस्य

भगवान शनि देव का रंग काला है, और मुझे लगता है कि हर कोई इस तथ्य के बारे में जानता है, लेकिन उनका रंग काला क्यों है? भारतीय पौराणिक कथाओं के अनुसार, भगवान सूर्य देव शनि के पिता हैं, और उनकी माता छाया हैं। सूर्य देव की माता का नाम अदिति और पिता का नाम महर्षि कश्यप है। सूर्य भगवान की दो पत्नियाँ हैं, छाया और संध्या जहाँ (छाया संध्या देवी का क्लोन है), और संध्या सूर्य देव की चमक को सहन नहीं कर सकी क्योंकि उनका प्रकाश बहुत अधिक और तीव्र है। इसलिए, संध्या ने अपना क्लोन बनाया और इसका नाम छाया रखा और इसे सूर्य देव के पास भेज दिया, लेकिन छाया का रंग सांवला है, और उसके बाद, शनि देव का जन्म गहरे काले रंग के साथ हुआ था। इसलिए शनिदेव को छाया देवी का पुत्र माना जाता है।

"छायामार्तण्ड सम्भूतं तं नमामि शनैश्चरम्"।

(छाया और सूर्य के पुत्र को नमस्कार)

दूसरा रहस्य

भगवान शनि देव का रंग और उनके वस्त्रों का रंग भी काला है जैसा कि मैंने देखा है कि भगवान शनि देव का हर

सामान काली चीजों से जुड़ा होता है। तो सबसे पहले हम काले रंग के बारे में जानना शुरू करते हैं यानी काला रंग बहुत तेजी से सभी प्रकार की ऊर्जाओं को अवशोषित कर सकता है। साथ ही काला रंग अपने अंदर से कुछ भी आसानी से पर नहीं होने दे सकता है। कोई भी रंग काले रंग की तरह अवशोषित नहीं कर सकता। काला रंग उदासी, अकेलापन, दंड आदि का प्रतिनिधित्व करता है और भगवान शनि देव की जिम्मेदारी है कि दोषियों को हमेशा सजा देकर प्रकृति में संतुलन बना रहे हैं और यहां काला रंग ही दर्शाता है कि सजा पाने के लिए किसी को भी बचाया नहीं जा सकता है भगवान शनि देव द्वारा न्याय के मार्ग से किया गया कार्य। इसी वजह से शनिदेव ने काले रंग को अपनाया है।शनि देव का रंग काला इसलिए भी है क्युकी काला रंग ही ऐसा रंग है जिसके ऊपर कोई और रंग नहीं चढ़ाया जा सकता है। इसलिए शनि के ऊपर कोई चीज़ असर नहीं करती किसी भी तरह का रंग शनि देव को नहीं चढ़ सकता चाहे वह प्रेम का रंग को , रिश्वत हो या चापलूसी हो।

अन्य रहस्य

ग्रह और ग्रहण शक्तिः शनि देव का रंग काला होता है क्योंकि वैदिक ज्योतिष में शनि देव को ग्रहों में एक प्रमुख ग्रह माना गया है जिसकी शक्ति ग्रहण के समय पर अधिक होती है। ग्रहण और ग्रहण के समय को काला रंग से जोड़ा

गया है, और इसी कारण शनि देव का रंग काला होता है। यह भी एक कारण है, पौराणिक मान्यताओं में राहु को ग्रहण के लिए जिम्मेदार समझा जाता है और राहु शनि के चेले के रूप में जाना जाता है और जब ग्रहण होता है तो कालापन की उत्पन्न होता है जिसके कारण भी शनि काले रंग को दर्शा रहे है।

तपस्या और संयमः शनि देव की पूजा और व्रत धारण करने का प्रचलन भी काफी पुराने समय से है। शनि देव के व्रत को धारण करने वाले व्रती धर्मिक तपस्या और संयम को बढ़ावा देते हैं, जिसका प्रतीक भी काले रंग में दिखाया गया है। इसलिए भी इनका रंग काला है और उनके उपासकों भी काला ही रंग धारण करना चाहिए ताकि शनि की शक्ति को धारण करने योग्य साधक बन पाएं उनसे फल ले पाएं।

शनिदेव के ७ वाहन

कर्मों का फल देने एवं दंड देने के लिए शनिदेव अपने अलग-अलग वाहन चुनते हैं और शास्त्रों में बताया गया है कि भगवान शनिदेव ७ वाहन है। हर वाहन का अपना महत्व होता है और शनिदेव की मनचाही चाल पर ही हर वाहन कार्य में आता है। कौआ शनिदेव के सभी वाहनों में आवश्यक वाहन या प्राथमिक वाहन है। इसलिए हम नीचे वर्णित शनिदेव के वाहनों की चर्चा करने जा रहे हैं:-

कौआ

जैसा कि सभी जानते हैं कि कौआ काला होता है और इसीलिए शनिदेव ने उसे वाहन के रूप में चुना है। दूसरे, कौआ बहुत सक्रिय पक्षी है और हल्का है और जल्दी से आसमान में उड़ सकता है। कौवा सभी पक्षियों में मेधावी और चतुर पक्षी है। इसके अलावा, कौआ पितृ को भी इंगित करता है, और पितृ हिंदू पौराणिक कथाओं में बहुत महत्व रखते है। कौवा हर वातावरण के अनुसार अनुकूल हो सकता है। शनि देव अंधकार, दुख और मृत्यु के देवता हैं और कौआ भी इस प्रकार की चीजों का संकेत देता है। कौए का दिमाग इंसान के दिमाग से काफी मिलता-जुलता होता है। कौआ छवियों को जल्दी से पहचान सकता है, या हम कह सकते हैं, हर जगह इंसानों को अलग कर सकते हैं। कौवा एक अच्छा युक्ति निर्माता (रचनात्मक) होता है जो

वर्तमान वस्तु की उपलब्धता के अनुसार नए उपकरण बना सकता है। इसलिए हम कह सकते हैं कि कौआ इतना लचीला होता है कि वह शनि देव की मदद के लिए हर स्थिति में खुद को ढाल लेता है। हम पहले से ही भगवान शनि देव के कार्यों के बारे में ज्ञान प्राप्त कर चुके हैं क्योंकि उन्हें कर्मों के अभियुक्तों को दंडित करने के लिए हर जगह जाना पड़ता है। कौए के बारे में एक दिलचस्प बात यह है कि यह किसी भी इंसान को चकमा दे सकता है। कौआ काले जादू की चीजों को बेअसर कर सकता है, जिसका अर्थ है कि कोई भी आरोपी या दोषी व्यक्ति भगवान शनि देव से अपनी रक्षा के लिए किसी भी नकारात्मक ऊर्जा की मदद नहीं ले सकता है, लेकिन कौवा इन चीजों को निगल जाएगा और प्रतिकूल प्रभावों को बेअसर कर देगा और भगवान के लिए रास्ता साफ कर देगा। .

मेरी जानकारी के अनुसार, "श्री शनि संहिता" की कहानी के अनुसार, एक बार, भगवान शनिदेव और देवी लक्ष्मी में बहस छिड़ गयी । भगवान शनि देव और देवी लक्ष्मी (धन की देवी) यात्रा कर रहे थे। संयोग से रास्ते में दोनों की मुलाकात हो गई। कुछ प्रारंभिक बातचीत और शब्दों के आदान-प्रदान के बाद, वे शब्दों द्वारा एक दूसरे का खंडन करने लगे ।

शनि देव ने कहा:- मैं तुमसे बहुत अच्छा हूँ, क्योंकि मैं दुनिया में न्याय बनाए रखने के लिए जिम्मेदार हूँ।

देवी लक्ष्मी ने उत्तर दिया: - यह सच नहीं है, मैं तुमसे बेहतर हूँ; मैं संसार को सुख, संपत्ति और ऐश्वर्य देती हूं।

शनि देव जवाब देते हैं: - स्वभाव से ही आप बहुत अस्थिर हैं, और इस प्रकार आप कभी भी एक स्थान पर लंबे समय तक नहीं रूकती हैं और इसलिए हमेशा प्रवास की स्थिति में रहती हैं, साथ ही आप अच्छे और बुरे मनुष्य के बीच भेदभाव नहीं करती हैं, आप किसी को भी धनवान बना देती हो। इस पर देवी लक्ष्मी ने पलटवार किया: - मेरे स्वभाव पर टिप्पणी करना बंद करो, पहले खुद को देखो।

आपकी दुष्ट दृष्टि से सारा संसार डरता है; कोई आपको आमंत्रित नहीं करना चाहता। हर कोई आपके जाने की प्रार्थना करता है...आप सिर्फ भय का माहौल पैदा कर सकते हैं। उन दोनों ने "भगवान ब्रह्मा (विश्व के निर्माता)" से यह प्रश्न पूछने का फैसला किया, इसलिए वे भगवान ब्रह्मा के पास गए: - और वही सवाल पूछा।

हे भगवान, हम दोनों में कौन बेहतर है?

भगवान ब्रह्मा ने सोचा कि अगर मेरा जवाब लक्ष्मी के पक्ष में है, तो मैं शनि की हानिकारक दृष्टि से बच नहीं पाऊंगा। यदि मैं शनिदेव को पसन्द करता, तो लक्ष्मी मुझसे नाराज हो जातीं, इसलिए उन्होंने कूटनीतिक रूप से कहा कि "इस प्रश्न का उत्तर केवल भगवान विष्णु ही दे सकते हैं" (जगत के पालनहार), इसलिए कृपा करके, उनके पास जाओ।

भगवान विष्णु के लोक की ओर और फिर "भगवान विष्णु" से "भगवान शिव" (संसार का नाश करने वाला) और फिर भगवान शिव से "नारद मुनि" (भगवान विष्णु के सबसे प्रशंसित भक्त और भगवान ब्रह्मा के पुत्र)।

फिर अंततः वे दोनों "नारद मुनि" के पास गए और प्रश्न दोहराया। हम दोनों में कौन बेहतर है...? बहुत सोचने के बाद नारद मुनि ने उत्तर दिया-

"लक्ष्मी जब आती है तो अच्छी लगती है और शनिदेव जाते हैं तो अच्छे लगते हैं।" ऐसे में जब भी शनिदेव और माता लक्ष्मी एक स्थान से दूसरे स्थान पर जाते थे तो उनके वाहन उनके साथ जाते थे। इस स्थिति में दोनों वाहन विपरीत हैं क्योंकि वे अपने स्वामी को सबसे अद्भुत देखना चाहते थे। जैसा कि हम सभी जानते हैं कि उल्लू देवी लक्ष्मी का वाहन है; उसी दिन से कौआ और उल्लू दोनों एक दूसरे को देखते ही एक दूसरे पर आक्रमण कर देते हैं। कौए के अंदर की सबसे अच्छी आदतों में से एक यह है कि वह कभी चापलूसी नहीं करता; वह हमेशा शिकायत करता है कि उसे क्या पसंद नहीं है। कौवा मानव चेहरे को आसानी से याद और पहचान सकता है, और भगवान शनि देव के प्रति अपने कर्तव्यों में, यह रचनात्मक है। अब मैं कह सकता हूँ कि शनि देव कौए का प्रयोग भ्रमण के समय ही करते हैं। और जब शनि देव कौए पर सवार होते हैं तो अपने भक्तों के दुख और कष्टों को दूर करते हैं।

गिद्ध

गिद्ध भगवान शनि देव का दूसरा वाहन है। लेकिन पौराणिक कथा में गिद्ध रोग और असाध्य रोगों का प्रतिनिधित्व करता है। लेकिन असल व्यवहार में गिद्ध बीमारियों को फैलने से रोकते हैं। गिद्धों का मूत्र बैक्टीरिया सूक्ष्म जीवाणु को भी मार सकता है। गिद्ध हमेशा प्राकृतिक चक्र को बनाए रखने के लिए काम करता है, जैसे शनि देव नए सिरे से कर्म का संतुलन बनाए रखते हैं। गिद्ध की आंख इतनी तेज होती है कि वह दूर से ही किसी भी इंसान को पहचान सकता है।

गिद्ध बहुत ही साहसी पक्षी है जो किसी भी परिस्थिति में अपने शिकार को छोड़ने के लिए तैयार नहीं होता है। जिस प्रकार पापी को दंड देकर समाज को स्वच्छ करने का कार्य शनिदेव करते हैं उसी प्रकार गिद्ध गंदगी का सेवन करके गंदगी साफ़ करता है वातावरण शुद्ध करता है। जब शनि देव इस पक्षी को अपने वाहन के रूप में उपयोग करते हैं तो हमें यह जान लेना चाहिए कि दोषियों को बीमारी का सामना करना पड़ेगा और मृत्युदंड मिलेगा। जब किसी का दंड समाप्त हो जाता है तो वह रोगों से मुक्त हो जाता है। इसलिए रोग या दोष देने के लिए भगवान शनि देव गिद्ध पर सवार होते हैं।

नीलाम्बरः शूलधरः किरीटी गृध्रस्थित स्त्रस्करो धनुष्टमान्।
चतुर्भुजः सूर्य सुतः प्रशान्तः सदास्तु मह्यां वरदोल्पगामी।।

अर्थात्- नीलमणि के समान जिनके शरीर की कांति है, माथे पर रत्नों का मुकुट शोभायमान है। जो अपने चारों हाथों में धनुष बाण, त्रिशूल, गदा और अभय मुद्रा को धारण किए हुए हैं, जो गिद्ध पर स्थित होकर अपने शत्रुओं को भयभीत करने वाले हैं, जो शांत होकर भक्तों का सदा कल्याण करते हैं। ऐसे सूर्यपुत्र शनिदेव की मैं वंदना करता हूं, ध्यानपूर्वक प्रणाम करता हूं।

हंस

हंस एक शानदार पक्षी है, और यह शांति और सुंदरता को दर्शाता है। तो शनिदेव ने इसे अपना वाहन क्यों चुना? जबकि शनिदेव का कार्य क्षेत्र हंस से अलग है? हंस प्यार और देखभाल के साथ-साथ शांति का भी प्रतीक है। हिंदू पौराणिक कथाओं में, सफेद हंस शांति के देवता को दर्शाता है। बहुत कम लोग जानते हैं कि शनि देव को प्रेम का प्रतीक भी माना जाता है क्योंकि शनि देव प्रेम की हमेशा रक्षा करते हैं। एक पौराणिक कथा के अनुसार कहीं पर एक प्रेमी जोड़ा शनि देव की पूजा करता था, लेकिन गांव वाले उनके खिलाफ थे, जिससे दोनों को काफी परेशानी का सामना करना पड़ा। ईर्ष्यालु लोगों ने उस व्यक्ति की पत्नी को धोखे से मार डाला था। उसके बाद उसका पति वियोग में शनिदेव की शरण में चला गया; वहां शनिदेव ने सभी को दंड दिया और उस व्यक्ति को वरदान मांगने का मौका दिया। तब मृत महिला का पति भगवान शनिदेव से उसे यह

वचन देने के लिए कहता है कि वह हमेशा सच्चे प्रेमियों की मदद करेंगे तब शनि देव ने उत्तर दिया, "तथास्तु वत्स," और फिर उस व्यक्ति ने अपनी पत्नी के वियोग को भुलाने के लिए मोक्ष मांगा और फिर शनिदेव ने उसे हंस में परिवर्तित कर वाहन के रूप में ले लिया। इसलिए, भगवान शनि देव आपकी राशि में शांति और प्रेम देने के लिए हंस पर सवार होते हैं। हंस को शनि के सभी वाहनों में श्रेष्ठ वाहन कहा गया है। हंस पर सवार शनि देव की प्रतिमा को पूजने से प्रेम शांति की प्राप्ति होती है।

मोर

यह सर्वविदित तथ्य है कि मोर भगवान कृष्ण का प्रिय पक्षी है। कृष्ण शनि देव के इष्ट देव है और इस वजह से जब शनि देव मोर पर सवार होते है तो अपने भक्तों को शुभ फल प्रदान करते है। इस समय जातक को सौभाग्य और परिश्रम

की प्राप्ति होती है। यदि जातक सूझबूझ से काम ले तो इस दौरान सभी बड़ी से बड़ी मुश्किलों को पार कर सकता है। मेहनत से आर्थिक स्थिति में भी सुधार हो सकता है। मोर के पंख बड़े होते हैं और 65 मील प्रति घंटे की रफ्तार से उड़ सकते हैं। भारतीय पौराणिक कथाओं में मोर पंख का उपयोग नकारात्मक ऊर्जा और अन्य हानिकारक चीजों को दूर करने के लिए किया जाता है। मोर सांप के जहर को भी मार सकता है। मोर को चुनने का सबसे बड़ा कारण यह है कि मोर किसी आने वाली आपदा का संकेत होता है। एक कथा के अनुसार शनिदेव जब भगवान कृष्ण की पूजा कर रहे थे तो उन्हें उनके दर्शन की इच्छा हुई। लेकिन कई कोशिशों के बाद भी वह भगवान कृष्ण के दर्शन करने में असफल रहे, तब शनि देव को लगता है कि अगर वह भगवान कृष्ण की सबसे प्रिय वस्तु को चुनते हैं, तो वे भगवान कृष्ण के दर्शन कर सकते हैं। इसलिए शनि देव भगवान कृष्ण की पूजा के दौरान मोर को अपने साथ रहने का अनुरोध करते हैं। इसके बाद मोर शनिदेव की पीठ पर नाचने लगा और अपने पंखों को फैला दिया। तब भगवान श्रीकृष्ण ने प्रसन्न होकर उन्हें अपने दर्शन दिए। इसके बाद भगवान कृष्ण ने शनि देव से कहा, "हे न्याय के देवता शनि, और आपने मुझे प्रसन्न करने के लिए इस मोर का उपयोग किया था, अब मैं आपसे कहना चाहता हूं कि आप इस मोर का उपयोग अपने वाहन के रूप में करें। इस घटना के बाद शनि देव मोर को अपने साथ रखने लगे ओर तीनो लोक में

कहीं भी जाने के लिए एक वाहन के रूप में मोर का उपयोग करने लगे। शनि देव अगर मोर पर सवार है और ऐसे में उनका पूजन किया जाये तो रोगों का नाश होता है आने वाले भय बाधा का पता चलता है।

स्वान

चौपाया पशु में स्वान भगवान शनिदेव का प्राथमिक वाहन है। शनि देव ने स्वान को अपना प्राथमिक वाहन क्यों चुना है? कई कारण हैं। सबसे पहले, स्वान मित्रवादी है; इसलिए शनिदेव ने स्वान को अपना प्राथमिक वाहन चुना है। स्वान आत्माओं की भाषा समझ सकता है। स्वान ईमानदारी को दर्शाता है और शनि देव को ईमानदारी पसंद है। स्वान आसानी से नकारात्मक ऊर्जा को पहचान सकता है। जैसा कि भगवान शनिदेव सुझाव देते हैं, हवा और गैसीय चीजें रोमांचक होती हैं जिससे स्वान हवा को

देख सकते हैं। स्वान एक चालाक जानवर है और संदिग्ध वस्तुओं से लड़ सकता है। कुत्तों की सूंघने की शक्ति इतनी तेज होती है कि शनि देव दोषियों का पता लगाने के लिए इसी वाहन का सहारा लेते हैं। लेकिन जब भी शनिदेव स्वान पर सवार होते हैं तो चोरी आदि का भय होता है। स्वान एक सतर्क जानवर है जो शनि देव के कार्य के लिए आवश्यक है। एक कथा के अनुसार एक राक्षस ने शनिदेव से छिपने की कोशिश की थी, इसलिए शनिदेव ने स्वान की मदद ली थी और उसे आदेश दिया था कि वह सभी के शरीर की सुगंध सूंघे, ताकि जल्द से जल्द उस राक्षस को खोज सके, जो पृथ्वी पर छिपा हुआ था। तब स्वान ने शनि देव से पूछा, हे प्रभु, आप मुझ पर सवार हो जाइए, फिर मैं उसे ढूंढ़ लूंगा। लेकिन एक महत्वपूर्ण बात यह भी है कि शनिदेव हमेशा गहरे काले रंग का स्वान ही प्रयोग करते हैं। क्युकी उस पर कोई और रंग न चढ़ सके जैसे अहंकार, परितोषण, एवं अँधेरे में समा सकता है।

गदर्भ

गदर्भ शांत और सीधा साधा पशु है। एक बार की बात है, शनि देव एक नदी के पास जा रहे थे, जहां एक कुम्हार बर्तन बनाने के लिए मिट्टी इकट्ठा कर रहा था, और उसके पास एक गधा था, उसका नाम 'भीम' था। भीम अकेला खड़ा था और अपने स्वामी की प्रतीक्षा कर रहा था। जब शनिदेव ने गधे को देखा कि वह दिन भर मेहनत करता है और उसके स्वामी को उस पर दया नहीं आती तो शनिदेव ने सोचा क्यों न गधे की परीक्षा ली जाए? शनिदेव ने मालिक को पानी में धकेल दिया अपने अपने स्वामी को गिरता देख गधा चिल्लाने लगा। उस समय शनि देव को अहसास हुआ कि गधा अपने मालिक का बहुत ख्याल रखता है जबकि उसका मालिक उसकी परवाह नहीं करता। उस समय भगवान शनिदेव ने सोचा कि क्यों न अच्छे आचरण के वाहन के रूप में गधे को रखा जाए। शनिदेव ने गधे को आशीर्वाद दिया कि तुम वाहन के रूप में हमेशा मेरे साथ रहो। अब मैं आपको बताता हूँ कि जब शनिदेव गधे पर सवार होते हैं तो क्या होता है? जैसा कि मैंने ऊपर की पंक्तियों में पहले ही बताया है कि गधा बहुत ही शांत और मेहनती जानवर है, लेकिन यह जानवर कड़ी मेहनत और मूर्खता (जहां दिमाग धीरे काम करता है) का संकेत देता है। लेकिन जब शनि देव गधे पर सवार होकर किसी जातक की राशि में प्रवेश करते हैं (जो ज्योतिष में विश्वास करता हो

या जिसकी जन्म कुंडली का विश्लेषण करता हो उसे जातक कहते हैं)। ऐसे में शनि देव उस जातक के लिए हमेशा बाधाएँ ही देते हैं। इसी तरह शनि देव दोषियों को हमेशा रोक(स्तब्ध) कर देते हैं। जातकों को अच्छे संकेतों और अच्छे फलों की हमेशा कमी रहती है। जातक हमेशा मेहनत करेगा लेकिन कम परिणाम प्राप्त करेगा।

सिंह

भगवान शनि की तरह, सिंह भारतीय ज्योतिष और कलयुग में जंगल का राजा है। शेर एक चतुर दिमाग और अच्छे शरीर का संकेत देता है। मैं शेर के लिए अच्छे शरीर शब्द का प्रयोग इसलिए कर रहा हूँ क्योंकि शेर सबसे तेज चलने वाला जानवर है और सबसे ताकतवर जानवर है जो बड़ी चतुराई से अपने शिकार को पकड़ता है और फिर कोई उससे खेल छीनने की हिम्मत नहीं कर सकता। शनिदेव भी ऐसा ही करते हैं क्योंकि उन्हें पापी को दंड देने से कोई नहीं

रोक सकता। तो कहीं शनि देव सिंह को अपना वाहन बनाकर साहस और पराक्रम का संदेश देते हैं। जहां तक मेरी जानकारी है, शनि देव युद्ध में भी निपुण हैं, और उन्होंने कई राक्षसों का वध किया है। मेरी दृष्टि में जब भी शनिदेव सिंह पर सवार होंगे तो इसका अर्थ यह होगा कि शनिदेव युद्ध करके दुष्टों का नाश करेंगे। अब बात करते हैं अन्य बातों की जब शनिदेव सिंह पर सवार होते हैं तो क्या फल देते हैं? प्रथम, शनिदेव जातक को साहस, नाम और यश तथा न्याय प्रदान करेंगे। एक रहस्य यह भी है कि शनि देव और राहु अच्छे मित्र हैं और शनि देव के कहने पर ही राहु सिंह पर सवार होते हैं। सिंह विजय का प्रतीक है। इसलिए व्यक्ति को दृढ़ इच्छाशक्ति, निर्भयता और शक्ति का लाभ मिलता है। वह इस समय अपने जीवन में विजयी होकर उभरता है। जब भी शनि देव पापी को मारने के लिए सिंह की सवारी करते हैं तो शत्रु का मन व्याकुल हो जाता है। साथ ही शनि का पूजन पर सिंह पर इसलिए करना चाहिए क्यूंकि राजनीती में सफलता के लिए यह उत्तम है।

शनि देव जब भी बैल पर सवार होते हैं तो मिश्रित फल देते हैं। मिश्रित परिणामों का अर्थ है कि वे अनुकूल भी हो सकते हैं और प्रतिकूल भी। इसलिए, सावधानी बरतनी चाहिए और सावधानी से निर्णय लेना चाहिए। शनि देव बैल को वाहन के रूप में क्यों प्रयोग कर रहे हैं? मेरे मतानुसार , एक बार शनि देव भगवान शिव (भगवान

शनि देव के गुरु) की पूजा कर रहे थे, तब नंदी (शिव का वाहन) को लगा कि शनि देव शिव जी के लिए उत्कृष्ट कार्य कर रहे हैं। वह भगवान शिव के अनुयायी भी हैं, तो क्यों न वह उनके साथ इस महान कार्य में शामिल हो जाएं , और तब नंदी ने बैल को शनिदेव के साथ वाहन के रूप में रहने और हमेशा उनकी मदद करने का आदेश दिया।

बैल

दूसरी ओर, बैल शक्ति और क्रोध की लहरों को और अध्यात्म एवं सेवा को इंगित करता है। इसलिए शनि देव जब भी अभियुक्त को बल या अपराधबोध दिखाना चाहते हैं तो बैल का प्रयोग करते हैं। शनि देव गृहस्थ जीवन नहीं

जीना चाहते लेकिन माता-पिता के कारण उनका विवाह हुआ है।

इसी प्रकार शनि देव ने विश्लेषण किया कि नंदी ने भी गृहस्थ होना स्वीकार नहीं किया और अपने गुरु की सेवा में निरन्तर तत्पर रहने का निर्णय लिया तो ऐसे सेवक मेरे कार्य के लिए भी उचित रहेंगे। बैल को वाहन के रूप में अपनाने का यह भी एक कारण है की जब शनिदेव बैल पर सवार होते हैं तो शत्रुओं का संहार करने के लिए हाथ में तलवार ले लेते हैं और जब शनिदेव शस्त्र लेकर आकाश में विचरण करते हैं तो वे दोषियों को खोजने के लिए किसी भी लोक में पहुंच जाते हैं और बैल आने वाली बाधाओं को समाप्त करता रहता है । एक कमाल की बात यह है कि जब शनि देव किसी भी लोक में जाते है और उनके सामने कोई भी बाधा उत्पन्न होती है तो बैल स्वयं अपने सींग से उस बाधा को तोड़ देते है।

हाथी

भारतीय पौराणिक कथाओं में भी हाथी का बड़ा ही महत्व हैं गज को राजाओं की सवारी में लिया जाता है । भगवान गणेश, सबसे लोकप्रिय भारतीय देवताओं में से एक और बुद्धि के भगवान है और एक हाथी का सिर धारण करते हैं। हाथी का सिर उत्कृष्ट बुद्धि और ज्ञान का प्रतीक है। हाथी राजत्व का प्रतीक - महाराजा और राजा हाथियों पर जुलूस और युद्ध के दौरान सवारी करते थे। जब शनिदेव को शनिलोक का राजा घोषित किया गया, तब शनिदेव ने हाथी को वाहन के रूप में स्वीकार किया, तब शनिदेव को शनि महाराज के नाम से भी जाना जाने लगा । एक सबसे बड़ी बात यह है कि शनि देव जब भी हाथी पर सवार होकर आते हैं तो धन देते हैं; यह वाहन भगवान गणेश का है। एक पौराणिक कथा के अनुसार शनि देव हमेशा सामान्य और सभ्य रहते हैं और उन्हें दिखावा पसंद नहीं है। एक बार देवी लक्ष्मी ने अहंकार में उनसे पूछा, "भगवान गणेश, और अन्य सभी देवगणों के पास शाही सवारी के रूप में एक हाथी है।" लेकिन शनि लोक के राजा के रूप में, आपके पास कोई शाही सवारी नहीं है।" और फिर शनि देव ने हाथी को अपनी शाही सवारी के रूप में अपनाया।

शनिदेव कलयुग के स्वामी हैं

हम जिस युग में रहते हैं उसे कलयुग के नाम से जाना जाता है और इस युग के स्वामी भगवान शनि देव हैं। अब बात करते हैं कि ऐसा क्यों है? भारतीय पुराणों के अनुसार शनि कलयुग के देव हैं, इसे समझने के लिए कुछ कारण दिए गए हैं? प्रत्येक व्यक्ति के कर्मों के अनुसार कलयुग पाप और अपराध से लिप्त होगा, और शनि देव न्याय के देवता है ऐसे में शनिदेव का कार्यभार बढ़ जायेगा, अब प्रश्न यह है की पापी लोगो को दंड कौन देगा ? स्वाभिक सी बात है शनि देव इसलिए इनको इस युग का देवता कहा जाता है। इन दिनों मनुष्य आधुनिक वैज्ञानिक लेखों और मशीनों पर अधिक निर्भर हैं और जितनी भी मशीने है वह सब ज्योतिष के अंतर्गत शनिदेव को ही दर्शाती है और हम कह सकते हैं कि इस युग में लोग अधिक भौतिकवादी हो गए हैं साथ ही मशीनो पर ज्यादा निर्भर भी है ; इसलिए कलयुग (काल का अर्थ है घटक) शब्द उपयुक्त है। दूसरी बात, इसे भगवान शनि देव के रंग से भी जोड़ा जा सकता है जो काले रंग को दर्शाता है, और इसलिए कलयुग का रंग भी काला है। कुछ रहस्य जो सहायता करेंगे बेहतर तरीके से समझने में

रहस्य 1

वैदिक ज्योतिष में बाह्य अंतरिक्ष, बंजर भूमि, कब्रिस्तान, जंगल और गहरे रेगिस्तान, गहरी घाटियाँ, पहाड़, गुफाएँ,

खाइयाँ, खदानें और इस पृथ्वी पर सभी बंजर स्थान शनि के अधिकार क्षेत्र में आते हैं। इस प्रकार शनिदेव के अधिकार क्षेत्र में गूढ़ एवं गुप्त ज्ञान तथा श्रम, सेवा, लाचारी, बाधक व्यक्तियों तथा बीमार एवं वृद्धों की सहायता करने जैसे संबंधी कार्य शामिल हैं। शनि की प्रतिकूल अवधि में अनंत दुखों का सामना करना पड़ता है; धन और स्वास्थ्य हानि के भी योग बन जाते है। गलत कार्यों में लिप्त होने या असाध्य रोग होने पर अपमानजनक स्थिति झेलनी पड़ती है। और ये सब चीजें मुख्य रूप से कलियुग में ही मौजूद हैं; इसलिए यह माना जा सकता है कि यह काल शनिदेव का है।

रहस्य 2

एक पौराणिक कथा अनुसार

पाण्डवों का अज्ञातवास समाप्त होने में कुछ समय शेष रह गया था। पांचों पाण्डव एवं द्रोपदी जंगल में छूपने का स्थान ढूंढ रहे थे, उधर शनिदेव की आकाश मंडल से पाण्डवों पर नजर पड़ी शनिदेव के मन में विचार आया कि इन सबमें बुद्धिमान कौन है परीक्षा ली जाये। शनिदेव ने कई योजन दूरी में एक माया का महल बनाया उस महल के चार कोने, पूरब, पश्चिम, उत्तर, दक्षिण थे। अचानक भीम की नजर महल पर पड़ी और वह आकर्षित हो गए। भीम, युधिष्ठिर से बोले - भैया मुझे महल देखना है, भाई ने कहा जाओ। भीम महल के द्वार पर पहुंचे वहां शनिदेव दरबान के

रूप में खड़े थे। भीम ने कहा, मुझे महल देखना है, शनिदेव ने कहा-इस महल के कुछ नियम हैं , महल के चार कोने में से आप एक ही कोना देख सकते हैं। महल में जो देखोगे उसकी सार सहित व्याख्या करना होगी। अगर व्याख्या नहीं कर सके तो कैद कर लिए जाओगे। भीम ने कहा- मैं स्वीकार करता हूं ऐसा ही होगा और वह महल के पूर्व छोर की तरफ गए। वहां जाकर उन्होंने अद्‌भुत पशु-पक्षी और फूलों व फलों से लदे वृक्षों का नजारा किया, आगे जाकर देखते हैं कि तीन कुएं है, आस-पास में छोटे और बीच में एक बड़ा कुंआ। बीच वाले बड़े कुएं में पानी का उफान आता है, और दोनों छोटे खाली कुओं को पानी से भर देता है। फिर कुछ देंर बाद दोनों छोटे कुओं में उफान आता है पर बड़े कुएं का पानी आधा ही रहता है। इस क्रिया को भीम कई बार देखता है पर समझ नहीं पाता और लौट कर दरबान के पास आता है। दरबान -क्या देखा आपने? भीम- महाशय मैंने ऐसे पेड़-पौधे पशु-पक्षी देंखे जो मैंने पहले कभी नही देंखे। एक बात समझ में नही आई छोटे कुंए पानी से भर जाते हैं बड़ा क्यों नहीं भर पाता यह समझ में नही आया। दरबान बोला -आप शर्त के अनुसार बंदी हो गए हैं और भीम को बंदी घर में बैठा दिया गया। अर्जुन आया बोला- मुझे महल देखना है, दरबान ने नियम बताए और अर्जुन पश्चिम वाले छोर की तरफ चले गए। आगे जाकर अर्जुन देखते है कि एक खेत में दो फसल उग रही थी एक तरफ बाजरे की फसल दूसरी तरफ मक्का की फसल। बाजरे के

पौधे से मक्का निकल रही तथा मक्का के पौधे से बाजरा निकल रही थी। अजीब लगा कुछ समझ नहीं आया वापिस द्वार पर आ गया। दरबान ने पूछा क्या देखा, अर्जुन बोला महाशय सब कुछ देखा पर बाजरा और मक्का की बात समझ में नहीं आई। शनिदेव ने कहा नियम के अनुसार आप बंदी है। नकुल आया बोला मुझे महल देखना है फिर वह उत्तर दिशा की ओर गया वहां उसने देखा कि बहुत सारी सफेद गायें जब उनको भूख लगती है तो अपनी छोटी बछियाओं का दूध पीती है, उसके कुछ समझ नही आया द्वार पर आया। दरबान ने पूछा क्या देखा? नकुल बोला महाशय गाय बछियाओं का दूध पीती है यह समझ नहीं आया तब उसे भी बंदी बना लिया। सहदेव आया बोला मुझे महल देखना है और वह दक्षिण दिशा की तरफ अंतिम कोना देखने के लिए गया। क्या देखता है वहां पर एक सोने की बड़ी शिला एक चांदी के सिक्के पर टिकी हुई डगमग डौले पर गिरे नहीं, छूने पर भी वैसे ही रहती है। समझ नहीं आया वह वापिस द्वार पर आ गया और बोला सोने की शिला की बात समझ में नहीं आई तब वह भी बंदी हो गया। चारों भाई बहुत देंर से नहीं आये तब युधिष्ठिर को चिंता हुई वह भी द्रोपदी सहित महल में गए। भाइयों के लिए पूछा तब दरबान ने बताया वह नियम अनुसार बंदी है। युधिष्ठिर बोला भीम तुमने क्या देखा? भीम ने कुएं के बारे में बताया। तब युधिष्ठिर ने कहा-यह कलियुग में होने वाला है एक बाप दो बेटों का पेट तो भर देगा परन्तु दो बेटे

मिलकर एक बाप का पेट नहीं भर पाएंगे। भीम को छोड़ दिया। अर्जुन से पूछा तुमने क्या देखा? उसने फसल के बारे में बताया युधिष्ठिर ने कहा- यह भी कलियुग मे होने वाला है वंश परिवर्तन अर्थात ब्राहमन के घर बनिये की लड़की और बनिये के घर शुद्र की लड़की ब्याही जायेगी। अर्जुन भी छूट गया। नकुल से पूछा तुमने क्या देखा तब उसने गाय का वृत्तांत बताया। तब युधिष्ठिर ने कहा-कलियुग में माताएं अपनी बेटियों के घर में पलेगी, बेटी का दाना खाएगी और बेटे सेवा नहीं करेंगे। तब नकुल भी छूट गया। सहदेव से पूछा तुमने क्या देखा, उसने सोने की शिला का वृत्तांत बताया तब युधिष्ठिर बोले-कलियुग में पाप धर्म को दबाता रहेगा परन्तु धर्म फिर भी जिंदा रहेगा समाप्त नहीं होगा। चारों भाई मुक्त हुए। शनिदेव ने माना कि युधिष्ठिर सबसे अधिक बुद्धिमान है। कथा के अनुसार कलियुग में सब घटित हो रहा है। इस कथा में शनिदेव ने कलयुग का परिचय पांडवों को दिया था। शनि देव आधिकारिक रूप से कलियुग में किसी की भी परीक्षा ले सकते है क्यूंकि वो कलियुग देव है।

रहस्य 3

शनि देव क्षमा न करने वाले भगवान हैं, और इस वजह से यह कहा जा सकता है कि शनि देव कलयुग के भगवान हैं। अपने क्रूर स्वभाव और अनुशासन के कारण शनिदेव को बेहद सख्त देवता माना जाता है। जब तक शनिदेव दोषी

व्यक्ति को दंड नहीं देते तब तक वह किसी को क्षमा नहीं कर सकते। पापी को उसके कर्म का दंड देकर उसे सही राह दिखाने के लिए शनिदेव ऐसा करते हैं। अगर किसी को अपने बुरे कर्मों पर पछतावा होता है तो शनिदेव उसे काफी कम सजा देकर माफ कर देते हैं और अगर पछतावा नहीं करते हैं तो उसे सजा जरूर देते हैं। शनि देव ऐसा तब करेंगे जब उनका न्याय चक्र पापियों के लिए चक्र में आ जाएगा या शनि की दशा के अधीन आएगा। शनि देव के बारे में यह समझना जरूरी है कि वह क्रोधी और जिद्दी स्वभाव के हैं और एक बार किसी से नाराज हो जाने पर उसे जीने नहीं देते हैं। या फिर कोई शनि को अहंकार दिखाने की कोशिश करता है तो शनिदेव उसके अहंकार को तोड़ने के लिए हर संभव माया रचा करते हैं। कलियुग में शनि देव माया रच कर संतुलन की स्थिति भी बनाते है, क्यूंकि वो कलियुग देव है।

शनिदेव क्षमा न करने वाले देवता हैं

अपने अडिग स्वभाव और अनुशासनात्मक व्यवहार के कारण शनिदेव की गणना कठोर देवताओं में की जाती है। जब तक दोषियों को दण्ड न दे, तब तक वह किसी को क्षमा नहीं कर सकते। पापी को उसके कर्मों का दंड देकर उसे सही राह दिखाने के लिए शनिदेव ऐसा करते हैं। यदि कोई अपने बुरे कर्मों पर पछताता है तो प्रभु उसे कम सजा देकर क्षमा कर देते हैं और यदि नहीं करते हैं तो वह उस पापी को अवश्य ही दंड देंगे और भगवान शनि देव ऐसा तब करेंगे जब उनका न्याय चक्र पापियों की दशा में आ जाएगा। मैं एक छोटी सी कहानी प्रस्तुत कर रहा हूँ जो शनि देव के क्षमाशील स्वभाव को दर्शाएगी और यह समझना आवश्यक है कि शनि देव बहुत क्रोधी और जिद्दी हैं और इसीलिए एक बार किसी से नाराज हो जाने पर वे उसे बिना दंड जाने नहीं देते हैं। यदि कोई शनि को अहंकार दिखाने की कोशिश करता है, तो शनिदेव उसके अहंकार को तोड़ने के लिए कोई भी रास्ता अपना सकते हैं।

एक कथा के अनुसार

शनि देव और राजा विक्रमादित्य

एक समय में मालवा के राज्य में (अब वर्तमान में इन्दौर और उज्जैन क्षेत्र कहा जाता है)। उज्जैन की राजधानी में

विक्रमादित्य नाम का एक राजा था। विक्रम एक धर्मी और वीर राजा थे; उन्हें अपने राज्य के सभी नागरिकों द्वारा प्यार और सम्मान दिया जाता था। एक बार राजा के दरबार में उन्होंने पंडितों से एक प्रश्न किया कि नवग्रहों में कौन-सा ग्रह श्रेष्ठ है, फिर प्रत्येक पंडित ने अपने-अपने ग्रह का गुण बताया।

सबसे पहले, पंडित ने उत्तर दिया, "सभी ग्रहों के स्वामी सूर्य, भगवान सूर्यनारायण या सूर्य भगवान हैं। आप उन्हें हर दिन आकाश में देख सकते हैं क्योंकि हर दिन उनके साथ ही शुरू होता है। वह सभी को अच्छा स्वास्थ्य प्रदान करते हैं। सूर्य कलयुग में देखे जाने वाले देव हैं।

दूसरे पंडित ने उत्तर दिया: शास्त्र कहते हैं कि चंद्रमा के स्वामी सोम हैं। वह अपनी जाति से माली है। इस ग्रह पर वनस्पतियों की देखभाल करने वाले चंद्रमा है। स्वभाव से शांत होने के कारण ये किसी को परेशान नहीं करते हैं। भगवान महादेव के एक शाश्वत सेवक भी है, वे स्थायी रूप से उनके सिर पर निवास करते हैं और इसलिए सबसे महान हैं"।

तीसरा पंडित, "वह मंगल देवता जाति से सुनार है और सबसे शक्तिशाली ग्रह है, वह एक क्रूर ग्रह है, और अगर हम मंगल देव से प्रार्थना करते हैं, तो वह सब कुछ देता है

लेकिन राजन, सावधान रहें," अहम् में की गई प्रार्थना का दंड मिलता है"।

चौथा कहता है, "यह बुध ग्रह के स्वामी भगवान बुद्ध हैं, जो सबसे बड़े हैं। वे जाति के व्यापारी हैं और प्रसन्न होने पर धन देते हैं। वे अच्छे हैं और किसी को परेशान नहीं करते हैं। इसलिए , हे राजा अब उसे सबसे महान मानते हैं।

पाँचवे पंडित कहते हैं, "बृहस्पति ग्रह के स्वामी बृहस्पति सभी ग्रहों में सबसे महान हैं। चारों वर्णों में से भगवान बृहस्पति एक ब्राह्मण हैं। इसलिए, उन्हें सबसे बड़ा मानें। वे सभी ग्रहों के आध्यात्मिक गुरु हैं। न ही किसी से नाराज होते है। वह एक सच्चे आत्मसाक्षात्कारी आत्मा के रूप में सभी के साथ शांति से रहते हैं और सभी को शुभकामनाएं देते हैं।"

छठे, पंडित कहते हैं, "शुक्र ग्रह के शासक भगवान भार्गव, राक्षसों के गुरु हैं। उन्होंने संजीवनी मंत्र बनाया, एक रहस्यमय मंत्र जो मृतकों को जीवन में लाया । देवताओं और राक्षसों के बीच इनको अत्याधिक माना जाता है, इसलिए शुक्र को मानें सबसे महान", जैसा कि छठे पंडित ने कहा।

सातवें पंडित कहते हैं, "राहु और केतु दो सबसे क्रूर ग्रह हैं। वे किसी पर दया नहीं करते हैं। लेकिन वे उन लोगों के प्रति कुछ नरमी दिखाते हैं जो उनसे प्रार्थना करते हैं और उन्हें

बलिदान देते हैं। राहु चंद्रमा को पीड़ित करता है और केतु सूर्य को परेशान करता है।" ग्रहणों को इसके संकेत के रूप में देखा जा सकता है।"

इसके बाद, पंडित कहते हैं, "शनि नौ ग्रहों में सबसे शानदार ग्रह है। वह स्वभाव से क्रोधी और क्षमाशील ग्रह है। जब वह प्रसन्न होता है, तो शनि वह सब कुछ दे सकता है जो अच्छा है, और जब कोई उसे नाराज करता है, तो यह हो सकता है पूर्ण विनाश का कारण। वह चिंता का कारण बनता है और मन को परेशान करता है। वह शारीरिक पीड़ा का कारण बनता है, लेकिन वह महिमा प्रदान करता है जो अनंत काल तक चलती है। इन्होने अपने पिता को भी नहीं छोड़ा था उनको भी दंड दिया यह न्याय के देवता है।

जब राजा ने यह बात सुनी तो राजा विक्रमादित्य हँसे और बोले, "वह पुत्र किस काम का जिसके जन्म से पिता को कष्ट होता हो। ऐसा व्यक्ति पुत्र नहीं शत्रु होता है" राजा ने यह कहा; इसके बाद सभी सदस्य हंसने लगे। जब शनिदेव ने यह अपमान सुना तो वे अपने वाहन कौए पर सवार होकर दरबार में आए और कहा, "राजन, तुमने मेरा मजाक उड़ाया है, मैं तुम्हारी राशि में आकर कन्या (कन्या) के माध्यम से ही दंड दूंगा। भगवान शनि ने राजा को दंड देने के लिए कन्या राशि में प्रवेश किया, राजा ने भगवान शनिदेव के दंड से बचने के लिए भगवान शिव की पूजा शुरू कर दी, लेकिन भगवान शिव उन्हें बचा नहीं सके और

शनिदेव ने उन्हें दंडित किया।अंत में, राजा ने शनिदेव से माफी मांगी और कहा कि मेरा पूरा अहंकार नष्ट हो गया है । तो इस कथा के अनुसार हम कह सकते हैं कि शनिदेव क्षमा न करने वाले देवता हैं और उन्हें क्रोधित करना बहुत आसान है, लेकिन उन्हें शांत करना आसान नहीं है। लेकिन जब राजा ने माना की उसका अहंकार समाप्त हो गया तब शनि देव ने क्षमा किया। शनिदेव मृत्यु के देवता है, जो

जीवन के अंत के बाद भी किसी भी योनि में दंड दे सकते है।

शनिदेव को क्यों चढ़ाया जाता है सरसों का तेल?

आपने देखा होगा कि शनिदेव की पूजा करने के लिए उन्हें सरसों का तेल चढ़ाया जाता है। हालाँकि, यह आजकल एक चलन बन गया है। हममें से बहुत से लोग अभी भी इस बात से अनजान हैं कि शनि देव को कब और कौन तेल चढ़ा सकते है? यह जानना जरूरी है। एक कथा के अनुसार हम समझ सकते हैं कि हम शनिदेव को तेल क्यों चढ़ाते हैं।

प्रथम रहस्य

बचपन में शनिदेव बहुत नटखट थे, सभी को परेशान करते थे। पौराणिक कथा के अनुसार एक बार हनुमान जी अपने इष्ट देव राम का सक्रिय ध्यान कर रहे थे; शनि ने कहा, मैं सभी देवताओं में सबसे शक्तिशाली शनि हूं। मैंने सुना है कि तुम बहुत शक्तिशाली हो, अपनी आँखें खोलो और मुझसे युद्ध करो; मैं तुमसे लड़ना चाहता हूँ। इस संदेश में हनुमान जी ने विनयपूर्वक कहा कि - इस समय मैं अपने प्रभु का स्मरण कर रहा हूं। मेरा ध्यान भंग मत करो। तुम मेरे सम्मान हो; कृपया यहाँ से चले जाओ।

शनि देव को लगता था कि कोई भी उनसे अधिक शक्तिशाली नहीं होना चाहिए, लेकिन यह उनकी बचकानी सोच थी। जब शनि देव युद्ध करने के लिए नीचे पहुंचे तो

भगवान हनुमान ने उन्हें अपनी बड़ी पूंछ में लपेट लिया। फिर वह उसे कसने लगा, दबाब देने लगे और शनि उस बंधन से मुक्त नहीं हो पाए और पीड़ा से व्याकुल होने लगे । हनुमान जी चारों ओर घूमते हैं और शनि के अहंकार को तोड़ने के लिए पत्थरों पर अपनी पूंछ पीटना शुरू कर देते हैं। इससे शनि के शरीर से रक्त बहने लगा, जिससे उनकी पीड़ा और बढ़ गई। तब शनि देव ने भगवान हनुमान से उन्हें मुक्त करने की प्रार्थना की और कहा, "आपने मुझे मेरे झूठे अहंकार के लिए सबक सिखाया है, और अब मैं ऐसी गलती नहीं करूंगा! फिर से"। तब हनुमान जी ने शनि देव को सरसों का तेल दिया और कहा कि दर्द से छुटकारा पाने के लिए इस तेल को घाव पर लगाएं। उसी दिन से शनिदेव को तेल चढ़ाया जाता है, जिससे उनके कष्ट शांत होते हैं और वे प्रसन्न होते हैं। हनुमान जी की कृपा से शनिदेव का कष्ट कम हुआ था और इसीलिए आज भी शनिदेव हनुमान जी के भक्तों पर विशेष कृपा बनाए रखते हैं।

दूसरा रहस्य

बचपन में शनिदेव बहुत क्रोधी थे और हमेशा दूसरे साथियों से लड़ते रहते थे। हर बात पर क्रोधित हो जाना उनकी आदत थी। हम कह सकते हैं कि शनिदेव न तो किसी के साथ रह सकते हैं और न ही सामंजस्य बना सकते थे । एक बार की बात है, वह अपने माता-पिता से किसी बात पर नाराज हो गए और उन्होंने घर छोड़ दिया। इसके बाद

उनकी मां परेशान और बेचैन रहने लगीं। वह सूर्य देव के पास गई, लेकिन पिता ने नाराजगी में कुछ भी जवाब नहीं दिया और कहा, "देवी! आप भगवान हनुमान से मदद मांग सकती हैं"। तब शनि देव की माता ने हनुमान से अनुरोध किया और शनि देव के क्रोध के बारे में सब कुछ बताया। तब हनुमान शनि को उनकी मां को सौंपने के लिए पता लगाने निकल पड़ते है।

जब हनुमान जी ने शनि देव का पता लगाना शुरू किया तो काफी परेशानी आने लगी क्यूंकि शनि देव भी मायावी हैं जो किसी को भी भ्रमित कर देते थे । शनि देव को पता चला कि उनके माता-पिता ने भगवान हनुमान को उन्हें खोजने के लिए भेजा है , शनि देव ने सोचा की अब वह हनुमान के हाथ नहीं आएंगे क्योंकि शनि देव को लगता था की वह हनुमान की तुलना में बहुत शक्तिशाली है। लेकिन बड़ी बात यह है कि हनुमान जी के गुरु सूर्य देव हैं और शनि देव सूर्य देव के पुत्र हैं, और यह लड़ाई इतनी जटिल हो गई कि एक तरफ उन्हें अपने गुरु (सूर्य देव) के पुत्र को खोजना था और दूसरी ओर उनके गुरु धर्म की जिम्मेदारी भी निभानी थी ।

शनि देव अक्सर अपने शरीर को भगवान हनुमान से छुपाने के लिए भ्रम पैदा करते थे। शनिदेव एक काला पर्वत बनाकर उसमें छिप गए और जब सूर्य का प्रकाश उस पर्वत पर पड़ता था तो पर्वत सूर्य की ऊर्जा को अवशोषित कर

लेता था , और जब हनुमान उस पहाड़ी को देखते तो वह अलग दिखाई देती। तो हनुमान जी ने पर्वत पर प्रहार किया, और उन्होंने महसूस किया कि यह कोई साधारण पर्वत नहीं है और उन्होंने पर्वत को नदी में फेंक दिया और फिर शनिदेव पर्वत से बाहर आए और तुरंत छिप गए। अगले दिन शनिदेव ने क्रुद्ध होकर प्रकृति की अनेक वस्तुओं को नष्ट कर दिया। हर तरफ भय का माहौल था। पूरा देवलोक डर गया था और शनि देव की अगली चाल के बारे में सोच रहा था। हनुमान जी को इसके बारे में किसी के द्वारा पता चला की शनि देव प्राकृतिक चीजों को नष्ट कर रहे है और अन्य जीवों को परेशानी दे रहे है। हनुमान वहां गए और शनि देव से कहा, "हे शनि देव, मेरे साथ आओ और जितनी जल्दी हो सके इस क्रिया को करना बंद करो।

शनि देव ने हनुमान से कहा, "आप मुझे पकड़ नहीं सकते। मैं सबसे शक्तिशाली देवता हूं"। जब शनि देव हनुमान जी से छिपने जा रहे थे तब हनुमान जी ने उनसे फिर निवेदन किया, "अरे शनि देव, आपकी माता जी आपके लिए चिंतित हो रही हैं, आप अपने घर वापस चले जाइए। लेकिन शनिदेव हनुमान जी की बात नहीं माने। और फिर हनुमान ने अपना गदा उठाया और शनि देव को युद्ध के लिए बुलाया। हनुमान जी ने अपनी शक्तियों के साथ शनि देव के साथ युद्ध किया। जब शनि देव कमजोर महसूस करने लगे, तो उन्होंने एक घर के अंदर छिपने की कोशिश की,

लेकिन हनुमान ने उन्हें खोज लिया और कहा फिर से लड़ो। अब, भगवान शनि ने हनुमान पर प्रहार किया और उनसे युद्ध करना शुरू कर दिया। हनुमान ने फिर से अपना गदा उठाया और शनि देव पर हमला किया।

दोनों देवताओं के पास अधिक शक्तिशाली शक्तियाँ थीं, और प्रकृति भी उनके युद्ध से प्रभावित हुई । भगवान शनिदेव युद्ध में असफल हो रहे थे। शनि देव ने उस समय एक सांप को हनुमान की ओर धकेलने की कोशिश की और फिर हनुमान ने एक मुष्टिका से सांप को मार डाला, और फिर हनुमान ने शनिदेव के सभी हथियारों को अपने नियंत्रण में ले लिया। युद्ध में, शनि देव घायल हो गए थे और हर जगह से खून बह रहा था, और फिर उन्होंने अंत में हनुमान के सामने आत्मसमर्पण कर दिया और उनसे युद्ध के लिए माफी मांगी। उसके बाद, हनुमान ने शनि देव को उठाया और सूर्य लोक (अपने घर) की ओर चले गए। जब वे वहां पहुंचे तो शनिदेव की माता उन्हें अपनी पहली नजर में देखकर प्रसन्न हुई, लेकिन शनिदेव की दशा देखकर वह डर गईं और रोने लगीं और हनुमान के सामने गिड़गिड़ाने लगीं, "हे हनुमान! कृपया मेरी रक्षा करें।" शनि का कुछ उपचार करो ताकि वह जल्दी ठीक हो जाए"। तब हनुमान ने शनि देव की माता को सरसों का तेल दिया और कहा कि हे माता इस तेल को शनिदेव के घाव पर लगाइए, वे शीघ्र ही ठीक हो जाएंगे और कुछ दिनों के बाद शनिदेव ठीक हो

गए। बाद में, शनि देव ने भगवान हनुमान को बुलाया और उन्हें दोस्ती के लिए प्रस्तावित किया। उसी दिन से शनि देव और हनुमान अच्छे मित्र बन गए और इस घटना के बाद सभी ने शनि देव को शांत करने के लिए उन्हें सरसों का तेल अर्पित किया।

शनि देव की चार भुजाओं में रहस्य

शनि देव की चार भुजाएँ हैं और उनकी चार भुजाओं में विभिन्न मुद्रा एवं अस्त्र-शस्त्र हैं। प्रत्येक भुजा एक अद्वितीय कार्य के साथ-साथ एक शस्त्र साथ में लिए है। हालांकि, पापियों को खोजने के लिए शनिदेव अपनी शक्तियों का प्रयोग करते है। साथ ही शनिदेव चार भुजाओं का प्रयोग पापों का नाश करने के लिए करते है। अब मैं शनिदेव के शस्त्र गुण के बारे में चर्चा करने जा रहा हूं। शनिदेव की भुजा में शस्त्र हैं जिनका वर्णन करूंगा।

शनिदेव का प्रथम शस्त्र (दाईं ओर)

त्रिशूल- - यह शनि देव का पहला शस्त्र है जिसे त्रिशूल कहा जाता है (मतलब एक ही दिशा में तीन नुकीले कांटे, बीच का कांटा अन्य दो की तुलना में बड़ा होता है)। इस शस्त्र का प्रयोग शनि देव के गुरु यानी भगवान शिव भी करते हैं। त्रिशूल दुनिया में शांति बनाए रखने और धर्म को बनाए रखने के लिए बुराई को नष्ट करने के लिए है।

शनिदेव का पहला शस्त्र रक्षक का संकेत देता है। त्रिशूल एक शस्त्र के रूप में शिव द्वारा शनि देव को प्रदान किया गया था। भारतीय पौराणिक कथाओं में, त्रिशूल त्रिशक्ति का प्रतीक है। पहला शूल भगवान ब्रह्मा का प्रतीक है, मध्य शूल भगवान शिव का प्रतीक है, और तीसरा शूल भगवान विष्णु

का प्रतीक है। तीनो शूल मिल कर त्रिशूल की एकत्र शक्ति बनाते है। मानव शरीर में त्रिशूल तीन ऊर्जा नाड़ी, यानी, इड़ा, पिंगला और सुषुम्ना का प्रतिनिधित्व करता है, जो माथे पर मिलते हैं। भगवान शिव के त्रिशूल में डमरू है, लेकिन शनिदेव के त्रिशूल में डमरू नहीं है। त्रिशूल पाप और पापियों का नाश कर सकता है क्योंकि त्रिशूल त्रिदेव का प्रतिनिधित्व करता है। ब्रह्मा, विष्णु और महेश इस ब्रह्मांड के प्रमुख देवता हैं, इसलिए त्रिदेवों की शक्ति दूसरों की तुलना में अधिक है।

पापी को मारने के लिए शनिदेव इस शस्त्र का प्रयोग हमेशा करेंगे। वह इस शस्त्र का इस्तेमाल किसी को भी मारने के लिए कर सकते है (मुख्य रूप से अपराधी)। इस शस्त्र का प्रयोग केवल पाप के नाश के लिए होता है, दया के लिए नहीं और बचाव के लिए नहीं; इसका उपयोग केवल किसी को समाप्त करने के लिए किया जाता है। शनिदेव इस शस्त्र को अपने प्रथम दाहिने हाथ में रखते हैं।

वैकल्पिक शस्त्र तलवार:- अधिकांश समय शनि देव पापियों को मारने के लिए तलवार का प्रयोग करते हैं। महाकाली द्वारा शक्ति वितरण के समय देवी महाकाली यह शस्त्र प्रदान करती हैं। यह शस्त्र देवी महाकाली की शक्ति और तेज को दर्शाता है। इस शस्त्र का एक ही भाग होता है और यह किसी को भी मारने या नष्ट करने में लाभकारी होता है। राक्षस से युद्ध में शनि देव इस शस्त्र का प्रयोग करते हैं,

जिसका प्रयोग मुख्य रूप से बैल वाहन के साथ किया जाता है।

द्वितीय शस्त्र (ऊपर बाईं ओर)

धनुष और बाण- दूसरा शस्त्र भगवान शनि देव लंबी दूरी के आक्रमण रूप में प्रयोग करते हैं। वहीं, देवताओं (सभी देवताओं में) में धनुष एक आदर्श शस्त्र है। यहाँ तक कि भगवान शिव भी पापियों को मारने के लिए इस शस्त्र का प्रयोग करते हैं। धनुष एक ऐसा शस्त्र है जो बाणों के द्वारा बहुत तेज़ी से प्रहार कर सकता है। शनिदेव जिन बाणों का प्रयोग करते हैं वे शक्तिशाली होने के साथ-साथ चमत्कारी भी होते हैं। जब राजा दशरथ और शनि देव के बीच युद्ध हुआ तब शनि देव ने धनुष बाण लेकर राजा दशरथ से युद्ध किया था। तो हम सहज रूप से यह निष्कर्ष निकाल सकते हैं कि धनुष-बाण शनिदेव का एक शक्तिशाली शस्त्र है। शनि देव इस शस्त्र का प्रयोग अभियुक्तों को परास्त करने के लिए ही करते हैं ना कि नष्ट करने के लिए। यह शस्त्र भी शनिदेव को भगवान शिव ने ही दिया था। इस शस्त्र का प्रयोग कई अस्त्रों की रक्षा के लिए भी किया जाता है। शनिदेव इस शस्त्र को अपने पहले बाएं हाथ में रखते हैं। इस शस्त्र के तीन आवश्यक भाग होते हैं, पहला चाप, दूसरा तीर और तीसरा अंग। जहां रस्सी ब्रह्मा का प्रतिनिधित्व करती है और अंग भगवान विष्णु को दर्शाता है, और तीर भगवान शिव की शक्ति को दर्शाता है। शनिदेव इस शस्त्र को अपने वाहन के

पास रखते हैं। भगवान शिव की शक्ति को दर्शाने वाला बाण किसी को भी परास्त कर सकता है, रक्षा कर सकता है और मार भी सकता है, लेकिन कुछ बाण का प्रयोग मुख्य रूप से मारने के लिए किया जाता है।

तृतीया शस्त्र (बाईं ओर का निचला हाथ)

गदा: गदा शनि देव का तीसरा हथियार है जिसका इस्तेमाल युद्ध के दौरान किया जाता है। भगवान विष्णु ने यह शस्त्र भगवान शनि देव को दिया था। गदा शक्ति का चरम स्रोत दिखाता है। शनिदेव ने गदा का प्रयोग केवल पापी को सही मार्ग पर लाने के लिए किया है, इसके द्वारा कभी किसी का वध नहीं किया है। शनिदेव की गदा औषधि का काम करती है, अपनी शक्ति से शत्रु का दमन करती है। गदा का मध्य भाग गुंबद है; उसमे ऊर्जा एकत्र की जाती है और दोषी को स्थानांतरित की जाती है। जैसे पृथ्वी माता सूर्य भगवान के चारों ओर घूमती है और उसमें से जीवन शक्ति एकत्र और संग्रहीत करती है, उसी तरह, गदा उपयोग की जाने वाली ऊर्जा का प्रबंधन करने के लिए अपने आकार में गोल रहती है, जो अपार शारीरिक शक्ति, पुरुषत्व और महिमा का प्रतीक है।

इस शस्त्र के बारे में एक रोचक तथ्य है जिसका प्रयोग भगवान विष्णु ने पहली बार किया था। हालांकि इसके पीछे एक कहानी है। गदा एक शक्तिशाली असुर (राक्षस)

का नाम था जो एक बार मानवता पर आक्रमण कर रहा था , लेकिन वह काफी दानी भी था। गदा भयानक था, इसके बारे में कई किंवदंतियों ने बताया है, लेकिन उसके पास एक दोष था जिसका फायदा उठाना अपेक्षाकृत आसान था या कह सकते हैं कि उसके कमजोर बिंदुओं में से एक था। गदा ने कभी अनुरोध से इनकार नहीं किया। उससे जो कुछ भी पूछा जाता था, चाहे वह अनुरोध कितना भी हास्यास्पद क्यों न हो, वह ऐसा करने के लिए तैयार हो जाता था। भगवान विष्णु ने इसके आतंक को समाप्त करने का फैसला किया भगवान विष्णु ने खुद को एक ब्राह्मण कवि के रूप में दर्शाया और गदा से प्रश्न किया तथा अपनी अस्थियाँ देने का अनुरोध किया सेवा करने से प्रसन्न होकर, गदा ने भगवान विष्णु को अपनी हड्डियाँ देने के लिए खुद को चीर-फाड़ कर अलग कर लिया। भगवान विष्णु ने तब उन हड्डियों को लिया और सबसे भव्य गदा रूप में ढाला। जो शनि देव द्वारा इस हथियार को धारण करने के कारणों में से एक हो सकता है। शनि देव अपने बाएं हाथ में गदा रखते हैं और भगवान विष्णु अपने बाएं हाथ में भी गदा रखते हैं।

वर मुद्रा (दाईं ओर की निचली भुजा)

इस मुद्रा को हितकारी मुद्रा के नाम से भी जाना जाता है। मुख्य रूप से इस मुद्रा का प्रयोग आशीर्वाद देने के लिए किया जाता है। जब कोई शनि देव की शरण में आता है शनि देव उसको आशीर्वाद देते है। यदि किसी को अपने बुरे

कर्म का बोध हो जाता है और वह क्षमा मांगना चाहता है तो शनिदेव उस व्यक्ति पर कृपा करते हैं। अपने कठोर एवं न क्षमा करने वाले व्यवहार के बाद भी यदि किसी को अपने बुरे कर्म का एहसास हो जाता है, तो वह निश्चित रूप से शनि देव द्वारा क्षमा कर दिया जाएगा। इस वजह से, भारतीय पौराणिक कथाओं में शनि देव को एक धर्मात्मा माना जाता है जो हमेशा जीवन के वास्तविक चरणों और प्रेम, विश्वास और जिम्मेदारी का सम्मान करते हैं।

वे अपने भक्तों को केवल इसी मुद्रा में दर्शन देते हैं; अन्यथा, सभी रूपों में नहीं। यह मुद्रा केवल कल्याण के लिए होती है, किसी को कष्ट देने के लिए नहीं होती है। इस बात से यह भी पता चलता है कि वह कितने उदार हैं और महान शनिदेव क्रूर की श्रेणी में भी आते हैं और अपने भक्तों का कल्याण करते हैं। शनिदेव के क्रूर स्वभाव का काम न केवल अभियुक्तों को दण्ड देना है बल्कि भक्तों को आशीर्वाद देना भी है।

शनि की पूजा रात्रि में क्यों?

शनिदेव रात्रि के देवता हैं क्योंकि वे अंधकार के देवता हैं। हम शनि ग्रह को देखें तो शनि धूल और छोटे-छोटे पत्थरों से बना है, जो लगातार हवा में घूमते रहते हैं। लेकिन अगर शनि देव की बात करें तो शनि अंधकार और दुख के देवता भी हैं। सूर्य शनि देव के पिता हैं और सूर्य प्रकाश और चमक के देवता हैं। लेकिन शनि के जन्म के समय उनका रंग काफी काला था और उनकी आंखें भी।

जब सूर्य देव ने पहली बार शनि देव को देखा तो वे हैरान और क्रोधित हो गए। क्यूंकि शनि आँखों में आग दिखा रहे थे । क्योंकि सूर्य रंग से बहुत चमकदार और गोरा है, उसका पुत्र इसके ठीक विपरीत है।

तो सूर्य देव नाराज हो गए, लेकिन जब शनिदेव ने अपनी मां की ये बातें सुनीं। फिर शनि देव ने सूर्य देव को दंड देने का फैसला किया। तब शनि देव घोषणा करते हैं कि मेरे पिता सूर्य देव सोचते हैं कि मैं उनके जैसा नहीं हूं। तो अब यह हमेशा किया जाएगा यदि मेरे पिता पूर्व है; तो मैं पश्चिम हूँ; यदि मेरे पिता गोरे है, तो मैं काला हूँ। यदि मेरे पिता की पूजा का समय दिन के उजाले में है, तो मेरी पूजा सूर्यास्त के बाद होगी। इस घटना के बाद शनि देव सूर्य देव की शक्ति को बेअसर कर देते हैं। तब सूर्य देव को पता चलता है कि मेरे अलावा कोई भी मेरी ऊर्जा को संतुलित

नहीं कर सकता है; इसका अर्थ यह शनि मेरा ही अंश हैं। उस दिन से सूर्यास्त के बाद शनिदेव की पूजा होती है। सूर्यास्त के बाद ही शनिदेव की पूजा करनी चाहिए। कई कारण हैं; पहला है शनि देव रात के पहले पहर (रात 9.00 बजे) के बाद पृथ्वी पर आते हैं, इसलिए यह समय शनिदेव की पूजा और तांत्रिक पूजा के लिए अच्छा है। दूसरा कारण यह है कि शनि देव पश्चिम दिशा में रहते हैं और यह दिशा अंधेरे और रात की होती है। शनिदेव स्वभाव से शांत स्वभाव के देवता हैं, जिन्हें अधिक गर्म पसंद नहीं है और यह सब रात में संभव हो सकता है। इसलिए शनिदेव की पूजा का समय भी रात्रि माना जा सकता है। एक बात मेरे मन में यह भी आती है कि रात्रि का समय चोरी आदि पापियों का होता है और शनिदेव अपने वाहन पर सवार होकर पापियों की शीघ्र पहचान कर लेते हैं।

वैदिक ज्योतिष में शनि ग्रह को एक अशुभ ग्रह माना गया है और इसकी पूजा विशेष विधियों और सावधानियों के साथ की जाती है। इसी कारण से शनि देव की पूजा ध्यान देने योग्य मानी गई है और उसकी पूजा को शुभ मुहूर्त में की जानी चाहिए। इसके कुछ कारण निम्नलिखित हैं:

शनिवार को शनि देव की पूजा: वैदिक ज्योतिष में शनिवार या सनिचर का दिन माना गया है और इस दिन शनि देव की पूजा करने से शनि के अशुभ प्रभाव को कम किया जा सकता है।

सूर्योदय के बाद शनि पूजा न करें: शनि देव की पूजा सूर्योदय के बाद नहीं की जाती है, क्योंकि इन समय पर सूर्य और शनि ग्रह के बीच ग्रहण घटित होता है जो शनि की पूजा के लिए अशुभ माना गया है।

विचार करने वाली बात यह है की शनि देव की प्रतिमा अगर पश्चिम दिशा की ओर है मतलब की शनि देव का मुख पश्चिम की ओर है और अगर सूर्यादय हुआ तो शनि देव की पीठ पर सूर्य की रौशनी पड़ेगी और जब यह रौशनी शनि देव के विग्रह पर पड़ेगी तो पश्चिम दिशा में एक छाया उत्पन्न होगी जिसके कारण से पूजन करने वाले व्यक्ति के पैर उस विग्रह से उत्पन्न छाया पर पड़ेंगे और आप जानते है की छाया शनि देव की माता है, शनि देव यह नहीं देख सकते की उनकी माता पर कोई पैर रखे। अब बात यह आती है की क्या हर छाया पर ऐसा होता है ? नहीं ऐसा नहीं होता है जब सूर्य का प्रकाश शनि देव की स्वयंभू या प्राण प्रतिष्ठित प्रतिमा पर पड़ेगा उस समय जो छाया उत्पन्न होगी वही उनकी माता है। इसलिए दिन में पूजा करने को मनाही है। इसका कारण यह भी है शनि देव के ऊपर छत नहीं होती है।

शनि देव के ऊपर छत न होने का भी एक धार्मिक और लोक कथा ही कारण है जो भारतीय ज्योतिष और वेद विचारधारा में प्रचलित है। यह कथा शनि देव की विशेषता पर आधारित है कि शनि देव धर्म, न्याय और कर्म के प्रतीक

हैं और वे धार्मिक नियमों और न्याय के पालन के लिए जाने जाते हैं। इस कथा के अनुयायी यह मानते हैं कि छत का आकार बंधन का प्रतीक है जो शनि देव की धार्मिक और नैतिक शक्ति को सीमित कर सकती है, इसलिए उनकी ऊपर छत नहीं होती।

हालांकि, यह कथा धार्मिक और आध्यात्मिक विश्वास पर आधारित है और वैज्ञानिक दृष्टिकोण से यह सत्यापित नहीं है। आधुनिक वैज्ञानिक दृष्टिकोण से शनि देव के ऊपर छत की अभाव या उपस्थिति का कोई वैज्ञानिक प्रमाण नहीं है। यह केवल एक धार्मिक मान्यता या कथा है जो विभिन्न संस्कृति और धर्मों में प्रचलित है।

शनि देव को कैद नहीं कर सकते है

जी हां, यह बात सच है कि शनि देव को कोई भी अपने वश में नहीं कर सकता क्योंकि शनि को हमेशा ही मुक्ति का देवता माना जाता है। जो किसी भी लोक (मृत्युलोक, देवलोक और स्वर्गलोक) में जाने में सक्षम है। कथा के अनुसार, लंका का राजा रावण, एक तपस्वी, महायोद्धा, मायावी था वह भगवान शिव का भक्त भी था। एक बार उसने तपस्या की और ब्रह्मा जी से वरदान प्राप्त किया कि उसे किसी के हाथ नहीं बल्कि केवल मनुष्य और वानर ही मारेंगे और वरदान पाकर वह अहंकारी हो गया और भगवान शनि देव और काल (समय) को फांसी पर लटकाने लगा। तब वे दोनों रोते हुए भगवान शिव को याद करने लगे और तब भगवान शिव अपने भक्तों की पीड़ा सुनकर प्रकट हुए और दोनों को आश्वासन दिया कि वह हनुमान के रूप में जल्द ही उन्हें बचाने आएंगे। जब रावण का अत्याचार बढ़ने लगा तो उसे मारने के लिए भगवान विष्णु ने राम के रूप में और देवी लक्ष्मी ने पृथ्वीपुत्री सीता के रूप में अवतार लिया। बाद में, जब राम ने अपने पिता की आज्ञा का पालन करने के लिए वनवास लिया, तो पृथ्वीपुत्री सीता और अनुज लक्ष्मण वन में रहने लगे। रावण की बहन शूर्पणखा के प्रतिशोध में, रावण छल से देवी सीता का अपहरण कर लेता है और लंका में अपनी अशोक वाटिका में

छिपा देता है। भगवान राम-लक्ष्मण रुद्रावतार हनुमान से एक साथ मिले, और फिर सीता की खोज शुरू हुई।

हनुमान ने सीता की खोज के लिए लंका को पार किया और लंका में प्रवेश किया और देवी सीता से मिले, जो रावण की अशोक वाटिका में कैद थी। देवी सीता से मिलने के बाद, हनुमान अशोक वाटिका के फल खाने लगे और विनाश का कारण बने। तब, रावण ने अपने पुत्र अक्षय कुमार को उसे रोकने के लिए भेजा, लेकिन हनुमान ने अक्षय कुमार को मार डाला। अंत में मेघनाथ ने हनुमान को कैद कर लिया और उन्हें ब्रह्मपाश में पकड़कर रावण के सामने पेश किया और रावण ने हनुमान की पूंछ में आग लगाने का फैसला किया। प्रभु ने अपनी जलती हुई पूँछ से लंका को ध्वंस कर दिया, परन्तु जब सारी लंका नगरी जल रही थी, तब भी उन्हें (काला रंग) राख जैसा भस्म होता दिखाई नहीं दिया। तभी उनकी दृष्टि रावण के कारावास में भगवान शनिदेव पर पड़ी। तब शनिदेव ने हनुमान जी को अपनी व्यथा सुनाई कि रावण ने उनकी शक्तियां छीन ली हैं। तब हनुमान ने शनि देव को मुक्त किया फिर शनि देव ने अपनी दृष्टि से सब जलाकर राख कर दिया । फिर लंका जलकर राख हो गई। हनुमान ने काल को भी मुक्त कर दिया। तब शनिदेव ने हनुमान जी से प्रेम के आँसू बहाते हुए कहा कि हे महावीर!। मैं आपके भक्तों को कभी पीड़ा नहीं दूंगा। जो

व्यक्ति इस कहानी को पढ़ेगा या सुनेगा, मैं उसकी रक्षा करूंगा। इसका अर्थ है

रावण ने शनि देव को बंधक बनाने का प्रयास किया और अधिक समय नहीं तक बना पाया। लेकिन रावण की यह गलती उसके नाश का कारण बनी शनि देव ने अपनी दृष्टि से सब कुछ नष्ट कर दिया। क्युकी सोने की लंका जलने के उपरांत और अधिक चमक रही थी शनि ने ही उस सोने को राख किया था।

इसलिए शनिदेव के मंदिर में ताला नहीं लगाना चाहिए या कोई सांकल आदि नहीं लगाना चाहिए क्यूंकि उनको बंद करने का या बंधन में बाँधने का प्रयास नहीं करना चाहिए। जैसा कि शिंगणापुर गांव में होता है, घरों और मंदिरों में ताला लगाने की व्यवस्था नहीं है।

भारतीय तंत्र शास्त्र में शनि देव के अशुभ प्रभावों को दूर करने का एक उपाय प्रचलित है। यदि कोई व्यक्ति थोड़े से बादाम काले कपड़े में डालकर शनिदेव के मंत्र का जाप कर काले रंग के भण्डार में स्थापित कर दे तो वह दिन-ब-दिन धनी और निरोगी होता जाता है। परन्तु गलती से यदि सूर्य का प्रकाश काले वस्त्र और बादाम वाली इस पोथरी पर पड़ जाए तो उस दिन जातक अपना सब कुछ खो देगा; यह भारतीय तंत्र में एक व्यावहारिक प्रयोग है। भारत में तंत्र का एक और यंत्र प्रयोग एक ऐसा यंत्र है कि यदि आप यंत्र "शनि दोष निवारण यंत्र" को भोजपत्र पर लिखकर कुएं में फेंक दें तो भगवान शनि देव जल्द ही सभी हानिकारक प्रभावों को दूर कर देंगे। फिर भी यदि संयोग से वह व्यक्ति उस कुएं का पानी पी लेता है, तो वह जल्दी ही अपना सब कुछ खोने लगता है, और साथ ही यदि वह व्यक्ति अपने पूरे जीवन में फिर से उस कुएं पर जाता है, तो भी वह व्यक्ति जल्द ही सब कुछ खो देगा। इसका अर्थ यह है की पापी बचने के लिए भले ही कोई युक्ति अपना ले पर उसका दुष्परिणाम भी हो सकता है।

शनि देव की प्रतिमा घर में नहीं रखनी चाहिए?

रहस्य 1

पौराणिक मान्यताओं के अनुसार शनि देव को श्राप मिला था कि वह जिसे भी देखेंगे, उसका अनिष्ट यानी बुरा हो जाएगा। यही वजह है कि शनिदेव की दृष्टि सीधे तौर पर हमारे जीवन पर ना पड़े इसलिए शनिदेव की तस्वीर या मूर्ति को घर के मंदिर में रखना सही नहीं माना जाता। धर्म-शास्त्रों के मुताबिक ऐसा करने से महिलाओं पर शनि की नकारात्मक ऊर्जा का प्रभाव पड़ता है। इसके अलावा पुराणों में कहा गया है कि शनि देव की नकारात्मकता का असर महिलाओं पर ज़्यादा पड़ता है इसलिए उन्हें शनि की मूर्ति छूने या उस पर तेल चढ़ाने से बचना चाहिए। अगर घर के मंदिर में शनि देव होंगे तो बार-बार शनि देव की दृष्टि पड़ेगी जिसके कारण से अहित होना शुरू होगा।

रहस्य 2

शनि देव अंधकार , त्याग , उदासी, एकांत , क्रोध के अधिपति है और घर एवं गृहस्थ आश्रम में अगर यह सब आएगा तो परिवार को ढेर समस्याओं का सामना करना पड़ेगा। शनि के मंदिर घर में वही लोग स्थापित कर सकते है जो उनके परम साधक हों लेकिन वो मंदिर भी घर के अन्य सदस्यों की पहुंच से दूर एकांत वास में होना चाहिए।

गृहस्थ आश्रम का पालन करते समय मनुष्य कई नियमों में बंधा हुआ रहता है और हो सकता है वह नियम शनि देव के अनुरूप न हो तो शनि को क्रोध आ सकता है। शनि देव संघारक शक्तियों के रूप में जाने जाते है और में नहीं समझता की गलती करके अपना संघार कोई जल्दी करवाना चाहता होगा। मैंने ऐसा अनुभव किया है की शनि देव पापियों को दशा में अथार्त समय आने पर दंड देते है या यूँ कहे की राशि में आने पर दंड देते है लेकिन अगर कोई व्यक्ति बार बार शनि के समक्ष जाकर प्रस्तुत होता है और गलतियों को दोहराता है तो जल्दी शनि की नजरों में आएगा और समय से पूर्व दंड प्राप्त कर लेगा। यह तो वही बात हो जाएगी की कोई अपराधी अपराध करके न्यायधीश के समक्ष पेश होता रहे तो जल्दी पकड़ में आ जायेगा। शनि देव को कैद करने से भी एक रहस्य है की मनुष्य अगर घर में शनि देव को स्थापित करता है और वह मनुष्य परिवार समेत कहीं बाहर जाता है तो स्वाभिक सी बात है घर को बंद करके जायेगा और नियम कहता है की आप शनि देव को बंद नहीं कर सकते है। लेकिन जो शनि देव के साधक है वह ऐसा मंदिर निर्माण करते है जो हमेशा खुला ही रहे और घर की छत पर हो तो वह नियम विरुद्ध नहीं होगा।

शनि देव की दिशा पश्चिम क्यों ?

कुछ वैदिक ज्योतिष ग्रंथ विचार करते हैं कि शनि ग्रह की दिशा पश्चिम होती है, क्योंकि यह धर्म और नैतिकता के प्रतीक है और पश्चिम दिशा, धर्म, नैतिकता, और आदर्शों का प्रतिनिधित्व करती है। इन धारणाओं के अनुयायी विचार करते हैं कि शनि ग्रह की दिशा पश्चिम होनी चाहिए और उनकी पूजा और उपासना पश्चिमी दिशा में की जानी चाहिए। उसके दूसरी तरफ कुछ लोग यह धारणा रखते हैं कि शनि ग्रह की दिशा उत्तर या दक्षिण की होती है, क्योंकि वे मानते हैं कि शनि ग्रह धर्म, नैतिकता और न्याय के प्रतीक है, और इन गुणों का प्रतिनिधित्व करते है। उनकी पूजा और उपासना उत्तर या दक्षिणी दिशा में की जाती है। इसके अलावा, कुछ लोग ग्रहों की दिशा को नक्षत्रों, राशियों, और जन्मकुंडली के ग्रहों के स्थान के आधार पर निर्धारित करते हैं।

शनि देव की दिशा पश्चिम को कुछ लोग इस वजह से मानते हैं कि शनि देव वैदिक ज्योतिष में विपरीत ग्रह माने गए हैं, जिसका अर्थ होता है कि उनकी दिशा भी उलटी होगी। इसके अलावा, शनि देव को धर्म ग्रह भी कहा जाता है, जिसका अर्थ होता है कि वे धर्म और नैतिकता के प्रतीक हैं जो लोगों को दिशा देते हैं और उनकी दिशा पश्चिम है, जो

नैतिक गुणों का प्रतिनिधित्व करती है। अब में कुछ ऐसे तथ्य दूंगा जो साफ कर देंगे की दिशा क्या होनी चाहिए।

हिंदू ज्योतिष और पौराणिक कथाओं में, शनि और सूर्य के बीच एक विरोधाभासी सम्बन्ध का वर्णन किया गया है। यह कथा वैदिक ज्योतिष में "शनि और सूर्य का झगड़ा" या "शनि और सूर्य की द्वंद्व युद्ध" के रूप में जानी जाती है।

कथा के अनुसार, शनि सूर्यपुत्र हैं और एक दिन शनि ने अपने पिता सूर्य को प्रशस्ति नहीं दी थी, जिसके कारण सूर्य ने उसे श्राप दे दिया था कि वह अपनी दिशा में हमेशा पश्चिम की ओर चला करोगे। इससे शनि की दिशा पश्चिम की ओर हो गई थी और पश्चिम दिशा में ही शनि ग्रह का निवास हुआ।

अन्य धारणा

शनि और सूर्य में द्वन्द के कारण जब शनि ने देखा उनके पिता उनके साथ पक्षपात कर रहे है या अपना पुत्र नहीं मान रहे है तो क्रोधवश शनि ने निर्णय लिया की जब आपका उदय होगा तो वह मेरे सामने नहीं होगा मेरी पीठ पर होगा और आपका अस्त में अपनी आँखों से देखूंगा इसलिए शनि देव सूर्य देव से मुँह फेर कर पश्चिम दिशा की ओर बैठ गए।

शनि ग्रह की विशेषताएं

सबसे पहले यह समझना जरुरी है की शनि देव एवं शनि ग्रह में काफी अंतर है शनि ग्रह शनि देव का अधिपति है।

सूर्य का चक्कर लगाने वाला पृथ्वी एकमात्र ग्रह नहीं हैं। धरती के अलावा अन्य 7 ग्रह और भी हैं जो सूर्य के चारों ओर चक्कर लगाते हैं। यह अलग बात है कि सूर्य का एक चक्कर लगाने में सभी ग्रहों को लगने वाली समयावधि अलग-अलग है। हर ग्रह अपने आप में खास है। सूर्य के चारों ओर एक और खास ग्रह चक्कर लगाता है जिसे हम शनि ग्रह कहते हैं। शनि ग्रह सौरमंडल का दूसरा सबसे बड़ा ग्रह है। सूर्य से दूरी के क्रम में यह बुध, शुक्र, पृथ्वी, मंगल, बृहस्पति के बाद छठा ग्रह है। शनि ग्रह का आयतन पृथ्वी से 700 गुना से भी ज्यादा है। एक ओर हमारी धरती जहां सौरमंडल का सबसे सघन ग्रह है वहीं शनि ग्रह का घनत्व सबसे कम है। शनि ग्रह को सूर्य का एक पूरा चक्कर लगाने में लगभग 29.5 साल का समय लगता है। **शनि ग्रह पर तापमान और गैसें-**

शनि ग्रह पर वायुमंडल उपस्थित है। यहां हाइड्रोजन, हीलियम अमोनिया और मीथेन गैस मिलती हैं। इस ग्रह पर तापमान बहुत कम होता है। यहां का औसत तापमान -140 डिग्री होता है। शनि ग्रह पर दिन की अवधि 10.7

घंटा होती है। इसके अलावा अपने अक्ष पर इस ग्रह का झुकाव 26.7 डिग्री है। शनि का चुंबकीय क्षेत्र धरती के चुंबकीय क्षेत्र की तुलना में 578 गुना अधिक है। शनि ग्रह का फोबे नामक उपग्रह शनि की शनि पर वायुमंडलीय दबाव पृथ्वी की तुलना में 100 गुना अधिक है।

शनि का वायुमंडल लगभग 96% हाइड्रोजन और 4% हीलियम से बना है, जिसमें अमोनिया, एसिटिलीन, ईथेन, फॉस्फीन और मीथेन जैसी गैस भी पाई जाती है।

शनि का वायुमंडल 60 किमी तक फैला है और वायुमंडल की सबसे ऊँची परत में, हवा की गति 1,800 किमी घंटा तक पहुँच जाती है।

शनि ग्रह का चुंबकीय क्षेत्र बेहद शक्तिशाली है, आपकी जानकारी के लिए बता दे शनि का चुंबकीय क्षेत्र पृथ्वी के चुंबकीय क्षेत्र की तुलना में 578 गुना अधिक शक्तिशाली है।

700 ईसा पूर्व के आसपास असीरिया (एक देश) द्वारा सबसे पुराने लिखित रिकॉर्ड में शनि का उल्लेख किया गया था। उन्होंने शनि का नाम, "Star of Ninib" रखा, जो रात के समय आकाश में चमकने वाली एक शक्ति थी।

शनि ग्रह का औसत तापमान -178 डिग्री सेल्सियस के आस पास रहता है।

शनि के छल्लों में कई ऐसे कण होते हैं जो धूल के कणों की तरह छोटे और पहाड़ों से भी बड़े हो सकते हैं।

शनि ग्रह सूर्य से प्राप्त होने वाले विकिरण से लगभग 2.5 गुना अधिक विकिरण उत्सर्जित करता है।

शनि ग्रह कक्षा में घूमने के ठीक विपरीत दिशा में परिक्रमा करता है।

शनि देव आधारित अन्य पुस्तक

- श्री शनि संहिता
- शनिदेव प्रतिष्ठाविधान
- शनि विधान
- शनि चालीसा अर्थ सहित
- शनि चालीसा एवं स्त्रोत्र
- शनि महाकालमृत्युंजय स्त्रोत्र
- टॉप सीक्रेट्स ऑफ़ शनि
- ७ सीक्रेट्स ऑफ़ शनि
- शनि यन्त्र